世界典型国家
军地协同创新发展实践与启示

刘 敏 等编著

国防工业出版社

·北京·

内容简介

军地协同创新是新时代世界典型国家实现国家安全需求和经济社会发展双重目标的关键战略和普遍共识。本书立足于军地协同创新的前沿理论和实践逻辑，系统梳理了世界典型国家军地协同创新发展历程，深入剖析了其发展模式、管理体制、工作运行机制和政策体系等核心要素。在回顾世界典型国家军地协同创新的历史脉络的同时，本书特别聚焦于当前的创新发展趋势和未来发展方向，通过深入分析各国的实践经验，揭示其成功背后的共同因素和关键策略。书中不仅探讨了世界典型国家根据自身国情所采取的独特路径，而且结合我国具体情况和发展阶段，提炼出了具有前瞻性和可操作性的启示和建议，旨在为我国军地协同创新发展提供借鉴和参考。

本书旨在为从事军地协同创新研究的学者提供丰富的研究资料和多维的思考视角，也为相关政府部门工作人员及企业管理人员提供决策参考。通过深入的分析和建议，本书期望能够助推军地协同创新领域的学术研究和实践探索，促进相关领域的知识积累和创新发展。

图书在版编目（CIP）数据

世界典型国家军地协同创新发展实践与启示/刘敏等编著 . -- 北京：国防工业出版社，2024.12.
ISBN 978-7-118-13471-1

Ⅰ.E115

中国国家版本馆CIP数据核字第2024798DB5号

※

国防工业出版社出版发行
（北京市海淀区紫竹院南路23号　邮政编码100048）
北京凌奇印刷有限责任公司印刷
新华书店经售

*

开本 710×1000　1/16　　印张 12¾　　字数 181千字
2024年12月第1版第1次印刷　　印数 1—1500册　　定价 88.00元

（本书如有印装错误，我社负责调换）

国防书店：（010）88540777　　书店传真：（010）88540776
发行业务：（010）88540717　　发行传真：（010）88540762

前　言

纵观当代世界各国，特别是世界强国，军地协同创新发展已经成为统筹协调经济建设与国防建设关系的重大战略问题。世界典型国家通过强化军地协同顶层战略、完善体制机制及政策体系、加强军地协同、优化资源配置，将国防建设根植于国民经济建设之上，充分发挥国防建设对经济建设的带动作用和经济建设对国防建设的支撑作用，实现军事效益、经济效益和社会效益等综合效益的提升。系统深入研究世界典型国家军地协同创新发展，对概括总结军地协同创新发展实践经验和普适性规律，准确把握军地协同创新发展的时代特征和发展态势，助推经济建设与国防建设融合发展，具有重要的理论价值和现实意义。

本书界定了军地协同创新的内涵，分析军地协同创新的主要特征，从发展历程、发展模式、管理体制、工作运行机制和政策体系五个方面，研究总结美国、俄罗斯、欧盟国家、日本、以色列等世界典型国家军地协同创新发展的实践经验，结合我国军地协同创新发展实际，提出对我国军地协同创新发展的启示建议。本书包括6章，撰写工作分工如下：第1章是世界典型国家军地协同创新发展概述，由西北工业大学刘敏教授、中国船舶信息中心张嘉国研究员负责，西北工业大学研究生陶亮协作完成；第2章是世界典型国家军地协同创新发展历程、模式及趋势，由西安财经大学王云副教授负责，西北工业大学研究生张春雨、范舒亭、陶亮等协作完成；第3章是世界典型国家军地协同创新发展管理体制，由西北工业大学刘敏教授、中国船舶信息中心隋广琳教授负责，研究生许言、李丽、卫春鹏等协作完成；第4章是世界典型国家军地协同创新发展工作运行机制，由西北工业大学原源教授负责，研究生周洁协作完成；第5章是世界典型国家军地协同创新发展政策体系，由西北工业大学席建成副教授负责，研究生陶亮、范舒亭等协作完成；第 6 章是世界典型国家军地协同创新发展实践的政策启示，由西北工业大学刘敏教授、原嫄教授、席建成副教授，西安财经大学吴旺延教授、王云副教授等合作完成。

  本书是国家社科基金项目（项目号：22BGL284）和国家自然科学基金项目（项目号：71841046）的研究成果之一，得到西北工业大学 2023 年度精品学术著作培育项目的资助，全书由刘敏教授统稿。本书在撰写过程中得到石世印、袁和平、徐林生、许嵩、刘志伟、韩绍阳、李智毅、曾昊、毛克疾等各位专家的指导和帮助，课题组张嘉国、原嫄、吴旺延、席建成、隋广琳、王云、许言、周洁的大力支持，研究生张春雨、卫春鹏、李丽、陶亮、范舒亭、王含楷、李丽媛的辛苦付出，在此表示由衷感谢。

  本书的出版得到全国哲学社会科学工作办公室、国家自然科学基金委员会、西北工业大学、国防工业出版社的大力支持，研究过程参考了相关中外学者的研究成果，在此一并表示感谢。囿于研究者水平及研究时间，本书难免有不妥之处，敬请专家、读者批评指正。

刘 敏
2024 年 5 月

目 录

第1章 世界典型国家军地协同创新发展概述 ············· 1
1.1 军地协同创新 ············· 1
1.1.1 军地协同创新的内涵 ············· 1
1.1.2 军地协同创新特征 ············· 3
1.2 军地协同创新发展的理论逻辑 ············· 4
1.3 军地协同创新发展的现实逻辑 ············· 8

第2章 世界典型国家军地协同创新发展历程、模式及趋势 ····10
2.1 世界典型国家军地协同创新发展历程 ············· 10
2.1.1 美国军地协同创新发展历程 ············· 10
2.1.2 日本军地协同创新发展历程 ············· 12
2.1.3 俄罗斯军地协同创新发展历程 ············· 13
2.1.4 以色列军地协同创新发展历程 ············· 16
2.1.5 欧盟军地协同创新发展历程 ············· 17
2.1.6 印度军地协同创新发展历程 ············· 19
2.2 世界典型国家军地协同创新发展模式 ············· 22
2.2.1 世界典型国家军地协同创新发展的阶段划分 ············· 22
2.2.2 世界典型国家军地协同创新发展模式分析 ············· 24
2.2.3 世界典型国家军地协同创新发展类型及特征 ············· 27
2.2.4 世界典型国家军地协同创新发展模式的对比分析 ············· 30
2.3 世界典型国家军地协同创新发展趋势 ············· 32
2.3.1 顶层设计与战略规划重要性日益凸显 ············· 32
2.3.2 创新驱动的科技革命与军事革命同频共振 ············· 32
2.3.3 多措施并举持续推进新兴领域军地协同创新 ············· 35

  2.3.4 拓展人才培养与管理强化军地创新协同通道 ················ 37
  2.3.5 积极整合外部资源全面激发军地开放式创新潜力 ············ 38

第3章 世界典型国家军地协同创新发展管理体制 ········ 41

3.1 军地协同创新组织管理体制 ······················· 41
  3.1.1 军地协同创新组织管理体制的基本情况 ················ 41
  3.1.2 军地协同创新行政机构管理权限及主要职能 ············ 47
  3.1.3 军地协同创新监管模式 ························· 52

3.2 军地协同创新科研管理体制 ······················· 55
  3.2.1 军地协同创新科研管理体制的基本情况 ················ 55
  3.2.2 军地协同创新科研管理机构的主要类型及特点 ··········· 65
  3.2.3 军地协同创新科研经费的主要渠道 ··················· 68

3.3 军地协同创新生产管理体制 ······················· 70
  3.3.1 军地协调创新生产管理体制的基本情况 ················ 70
  3.3.2 军地协同创新生产管理机构主要类型及特点 ············ 80
  3.3.3 军地协同创新生产管理机构的管理模式 ················ 89

第4章 世界典型国家军地协同创新发展工作运行机制 ······ 94

4.1 军地协同创新发展工作运行机制的基本情况 ············ 94
  4.1.1 协调机制 ································· 94
  4.1.2 需求对接机制 ······························· 108
  4.1.3 资源共享机制 ······························· 116

4.2 军地协同创新发展工作运行机制的整体框架 ············ 128

4.3 军地协同创新发展工作运行机制模块分析 ·············· 128
  4.3.1 各主要国家军地协同创新运行机制的总模块 ············ 128
  4.3.2 军地协同创新运行机制的比较 ····················· 138

第5章 世界典型国家军地协同创新发展政策体系 ········ 143

5.1 军地协同创新发展政策体系的基本情况 ················ 143
  5.1.1 军地协同创新政策体系现状分析 ···················· 143
  5.1.2 军地协同创新政策体系主要特点 ···················· 145

5.2 世界典型国家军地协同创新发展政策体系框架 ··········· 149
5.2.1 军地协同战略顶层设计政策体系 ··················· 149
5.2.2 预算拨款与装备采办政策体系 ···················· 155
5.2.3 武器装备科研生产政策体系 ······················ 163
5.2.4 军地协同的辅助政策支撑体系 ···················· 169
5.3 世界典型国家军地协同创新发展政策实施效果 ··········· 175

第6章 世界典型国家军地协同创新发展实践的政策启示 ······ 179
6.1 军地协同创新发展历程、模式及趋势层面 ··············· 179
6.2 军地协同创新发展体制层面 ·························· 181
6.3 军地协同创新发展工作运行机制层面 ··················· 187
6.4 军地协同创新发展政策体系层面 ······················ 189

参考文献 ·· 191

第1章 世界典型国家军地协同创新发展概述

随着科技革命和新军事变革的发展，信息化战争形态占据主导，传统的单一军工主体已无法适应国防发展需要，国防建设对经济、科技和社会的依赖显著增强，军民技术双向转移、军地资源双向利用、使用效应双向优化逐步呈现，军地二者间的界限越来越模糊、结合面越来越宽、融合度越来越高、融合方式越来越多样。从世界范围看，大力推进军地协同创新，统筹协调国防建设与经济建设融合发展，已经成为世界典型国家的普遍认同和共同选择，是实现一种资源投入、多种效益产出的"兼容型""双赢式"发展的必然趋势。经过多年的发展实践，美国、俄罗斯、欧盟国家、日本、印度、以色列等世界典型国家基本形成具有本国特色的军地协同创新发展历程。系统研究世界典型国家军地协同创新发展实践，充分借鉴其有益做法，综合分析其发展的共同趋势，对准确定位我国军地协同创新发展所处历史方位，梳理概括我国军地协同创新发展的普适性规律，提升我国国防科技实力，协调国防建设与经济建设融合发展，具有重要的现实意义。

1.1 军地协同创新

1.1.1 军地协同创新的内涵

"军"广泛意义上指的是国防和军队的建设，包括武装力量建设、国防科技创新体系、国防工业体系、国防设施建设、国防动员、国防教育、国防资源以及边海空防等。"地"广泛意义上指的是经济社会发展体系，特别是与国防和军队建设密切相关的那一部分经济社会发展领域，包括与武器装备科研生产紧密相关的国家科技和工业体系、与军队人才紧密相关的国家人才培养体系、与军队保障密切相关的国家公共服务保障体系、与国防动员紧密相关的国家公共危机管理体系，以及与新质战斗力生成紧密相关的新兴领域，如海洋、太空、网络空间等。

"协同"一词的基本含义是"各方相互配合或一方协助另一方做某件事。"《辞海》对"协同"的解释：一是指协调一致，和合共同；二是指团结统一；三是指协同、会同；四是指互相配合。协同源于希腊文，意为共同工作。协同是指两个或两个以上的不同性质的主体，通过协调合作，互相配合，共同实现某一目标的过程。

"创新"在《辞海》里的解释：创是"始造之也"，是首创、创始之义；"新"是初次出现，与旧相对。"创新"有三层含义：一是抛开旧的创造新的；二是在现有的基础上改进更新；三是指创造性、新意。

有关军地协同创新的概念，学者从不同视角和层面进行了有益探索。多数学者从军地之间的联系入手，乔玉婷等[1]将军地协同创新定义为军地创新主体面向国家军民两用重大战略需求，以军队技术力量为基础在单位、地方、领域内开展跨部门、跨领域、跨区域、跨行业密切协同互动，实现知识增值和重大科技创新，整合提升创新绩效的创新组织形式；基于此，张丽岩等[2]认为军地协同创新能够充分发挥军队技术优势，最大限度实现资源共享，是进一步提升军事发展效果的新型社会形态。也有学者分析创新在军地协同中发挥的作用，将军地协同创新进一步细化。杜人淮[3]认为军民科技协同创新就是把具有不同特点、规律和要求的国防科技创新和民用科技创新有机结合起来进行协同创新；王强和王庆金[4]强调军地协同创新不仅是国家战略工程，也是创新工程，必须将创新思维融入发展战略当中，明确军地协同创新是将军地协同与创新相结合，相比一般的合作创新，军地协同创新主体构成不仅包括来自市场的民用企业，也包括具有国防性质的军工企业，更重要的是，随着军地协同向重点领域的聚焦用力，军地协同创新方式与层次日益明晰，并逐渐进入提速增效的新阶段[5]。此外，还有学者以体系、系统及联合体为关键词对军地协同创新的内涵作出阐释。李娜和陈波[6]指出，军地协同创新的参与主体主要包括政府、军方、军工企业、民用企业、研究机构与高校、中介服务机构等，各主体角色定位有所不同，在军地协同创新中发挥的作用也各有差异[7]；尹西明等[8]指出军地协同创新是由军地协同创新科技领军企业牵头主导，产学研多元主体高效协同，以有组织的科研为基本创新模式而组建的高能级创新联合体；陈华雄等[9]认为军民科技协同创新体系是军民科技资源自由流动共享、创新网络和能力一体化的协同创新生态系统。

基于《辞海》对"军""地""协同创新"，以及学者对军地协同创新内涵的探析，笔者认为，军地协同创新是在市场和政府宏观调控的双重作用下，创新主体产生协同意愿，相互配合，促使军与民、科与工、部门与要素之间在科学技术研究等众多环节进行系统梳理和优化配置，实现资源整合、成果共用共享、互动协同，最终目的是加快形成全要素、多领域、高效益的军地协同深度发展格局，构建一体化的战略体系和能力。

1.1.2 军地协同创新特征

国防部门与民用部门科技创新的矛盾性和一致性决定了军地协同创新的特征。在矛盾性方面，国防部门与民用部门协同知识耦合和协同知识扩散的差异性是产生矛盾性的原因，具体表现在以下几方面：一是军地协同知识耦合性取决于协同创新的时间成本和投资成本；二是军地协同知识耦合过程中创新劳动的行为动机存在矛盾；三是军地协同创新的知识耦合中产业实现过程存在矛盾。在一致性方面，军地协同创新的创新价值、解决创新问题的创新性和信息融合等是构成一致性的基础。

学术界从多方面对军地协同创新的特征进行了分析总结，曹路苹等[10]将创新生态系统理论引入中观层面区域军民科技协同创新研究，指出创新生态系统具有动态演化性、栖息性、自组织成长性、互惠互利性、可持续性、可调控性、协同整合、共存共生、共同进化等特征。而王一伊等[11]关注系统中要素构成转向要素之间、系统与环境之间的动态过程,分析出军地协同创新生态系统除具有曹路苹等指出的一般特征外,还存在自组织与其他组织并存、开放性与封闭性共存、政府主导与市场机制并存的突出特征。杜人淮[3]分析军民科技协同创新的内在机制后指出,军民科技协同创新具有自身的内在规定性,主要体现在创新主体参与方式、创新资源利用方式、创新环境存在方式和创新成果取得方式等方面。在这个双向开放复杂循环系统中,军民科技创新要素渗透交融、文化兼容并蓄、活动开放互动、优势互补叠加、效益整体提升。田菁[12]从理论和实践两个方面进行分析,认为军民科技协同创新的过程就是一体化深度协作的过程,打破了人、财、物、信息、组织之间的各种壁垒和边界。

军地协同创新既抓住了"创新"这一核心关键的驱动因素,又抓住了"协同"这一有效的途径手段,打破了传统的军民分割、自成体系的格局,实现军民科技要素的开放共享,并将其转化为成果。因此,军地协同创新重在"协同",其特点在于军民不同领域科技创新通过军民创新主体进行跨部门、跨行业、跨学科的深度合作[13],即在军方、军工企业、民用企业、高校及科研院所、政府、科技服务企业和金融机构等主体之间实现了包括市场环境与政策环境在内的创新环境、资源要素以及协调机制和管理机制的耦合[14]。

1.2 军地协同创新发展的理论逻辑

军地协同创新是一项复杂的战略性、全局性、系统性工程,涉及国家安全、经济发展、社会资源配置、科技创新等跨军地多领域、多方面协作。军地协同的核心就在于实现国家安全需求与经济发展目标的有机统一,科技创新是军地协同发展的重要驱动力,促使双向技术转移,助推国家科技创新能力和国防实力提升。纵观军地协同创新发展问题的相关研究,大部分文献是以二元结构理论、协同创新理论、利益相容理论等为理论基础展开研究的。随着军地协同创新研究日益深入、主体逐渐增多，也有学者运用开放式理论、集成动员理论研究军地协同创新。

（1）二元结构理论。二元结构理论在世界军地协同创新领域的应用，对解析和应对军地二元分离问题具有关键作用。自20世纪70年代以来，随着全球化的深入和技术革命的推进，该理论在多个领域得到应用，为军地协同创新提供了理论支撑。在我国特定的历史和国情背景下，国防军事发展形成了一个相对封闭的体系，以军队需求为主导，而国防建设与经济建设长期处于平行运行的状态，缺乏必要的互动与整合，从而导致了军民二元分离的现象。这种分离不仅体现在需求对接不畅、资源共享不足方面，而且形成了难以逾越的结构性壁垒，严重阻碍了创新资源的有效配置和科技成果的有效转化。孙磊华等[15]指出，中华人民共和国成立后形成的经济建设与国防建设的相对隔离和各自运行的军地"二元结构"，在当今科技快速发展、军民技术边界日益模糊的背景下，其缺陷日益凸显。杜人淮和冯浩[16]同样认为，国防工业军地协同创新发展中存在的军民分离制度性壁垒，主要表现在军民二元结构的制度安排和市场制度的分割上。二元结构理论为我们提供了一个有力的分析工具，使我们能够深刻洞察军民二元分离的本质和表现形式。应用该理论，我们可以探索制度改革、市场整合、资源共享等策略，以提升科技创新效能。这有助于打破结构性壁垒，推动军民协同创新，促进国家科技与社会的全面进步。

（2）协同创新理论。随着国家战略竞争力、经济实力、国防实力耦合度越来越高，军地协同创新逐渐成为趋势。德国斯图加特大学教授赫尔曼·哈肯认为，协同创新是一项复杂的创新组织方式，是指创新资源和要素有效汇聚，通过突破创新体系间的壁垒，充分释放彼此间"人才、资本、信息、技术"等创新要素活力而实现深度合作，以实现个体无法实现的组织目标和结果。军地协同创新涉及军民两个科技创新系统，每个系统又囊括不同部门、不同类型的科技创新主体、创新资源和要素，因此军地协同创新要推动军地创新的主体、资源、环境以及行为的协同[16]。协同创新理论在学界的研究中被广泛运用，何乘等[17]在协同创新主体和模式两部分研究的基础上，构建了军地协同创新体系理论模型。李翔龙等[18]借鉴协同创新理论对军地协同创新企业技术创新生态系统的协同演化过程和创新主体间的协同机制进行探究。从协同创新角度看，军地协同创新能够实现战略、技术与标准、法规和信息等方面的协同发展，真正走出一条适合我国国情的军地协同道路[19]。

（3）利益相容理论。利益相容理论是开展军地协同创新必须面对的理论问题，军地协同创新活动涉及军地两类创新主体，具体而言包括在军工、军队、高校、科研院所及民用企业等不同部门、不同行业、不同领域的各种细分主体，而利益相容理论就是要分析不同利益主体诉求发生冲突时如何寻求一个使不同利益主体的利益诉求都能够获得相应满足，以期实现相互间的利益一致[20]。谢玉科和刘珺[21]指出军地协同创新示范区的协调机制需要考虑利益相容问题，要科学构建军地协同创新的利益相容机制，以利益相容驱动各主体的行为协同，确保示范区的长期稳定高效运行。唐小龙等[22]指出需从分析军地利益主体的主要利益诉求和主要利益矛盾入手统筹协调相关利益主体的关系，以构建军民利益相容机制。尤琳[23]认为解决军地协同纵向治理的委托代理问题还需要开放多元、合作共赢，塑造利益相容的文化环境。运用利益相容理论研究成果，有助于解决军地协同创新活动中出现的各种利益冲突问题，促进军地协同创新的有效开展。

此外，随着军地协同创新深度发展，协同过程中的参与主体逐渐增多，同时军地协同创新工作机制的总体设计和规范架构标准等现实问题需要解决，因此军地协同创新研究还会运用到开放式创新理论和集成动员理论等。开放式创新理论是军地科技创新主体开展协同创新的重要支撑，军地主体在开展科技创新活动过程中充分利用内部及外部的各类创新资源要素，以突破自身技术储备、知识积累的不足，进而实现科技创新活动有效开展。王庆金等[24]基于开放式创新理论，将民用企业的民参军创新活动分为技术集成式、技术整合式和技术耦合式三种模式。谢言等[25]同样基于该理论对军工企业军转民模式进行了划分。集成动员理论是指以动员链、动员网架构为基础，建立跨系统、具有集成特征的国民经济动员模式，具体而言，它是以习近平强军思想为指导，以实现应急应战状态下超常规供给为目标，以综合集成为内涵基础，以动员联盟为模式手段，以动员活动为落脚点，与我国总体安全观相适应，与军民科技协同创新相衔接的动员工作模式[26]。集成动员与军地科技协同创新在根本上具有相似性，均以资源配置为手段，以提高资源利用率为目的。张纪海等[27]基于集成动员理论的核心思想对军地科技协同创新机制进行系统性设计，以实现军地科技协同创新集成化、敏捷化、模块化、高效化管理。

笔者认为，军地协同创新作为一种综合性的发展模式，其理论逻辑可以从以下五个方面进行深入理解和探讨：

（1）军地协同创新是国家安全与经济发展的统一。军地协同创新的核心目标是实现国家安全需求与经济发展目标的有机结合。这种统一不仅要求在战略层面上进行统筹规划，还需要在实际操作中实现资源的有效配置和利用。通过军地协同，可以促进军事需求与民用技术的有效对接，实现技术成果的双向转化，既满足国防建设的需要，又推动经济的可持续发展。

（2）军地协同创新是科技创新的双轮驱动。科技创新是推动军地协同发展的直接动力。在这一过程中，军事科技的前沿性和挑战性往往能够带动民用科技的突破和创新，反之亦然，民用科技的进步也为军事领域提供了新的解决方案和技术支撑。这种双向技术转移和互动，有助于提升国家整体的科技创新能力和国防实力。

（3）军地协同创新是跨领域协作的系统性工程。军地协同创新涉及众多领域和层面，包括但不限于科技研发、产业应用、人才培养、法律法规等。这要求各方面参与者在统一的战略目标指导下，进行有效的沟通与协作，形成系统性的创新网络。通过这种跨领域、跨部门的合作，可以实现资源的优化配置和创新效率的最大化。

（4）军地协同创新是主体多元化与利益相容。随着军地协同创新的深入发展，参与主体日益多样化，包括政府、军队、企业、研究机构等。这些主体在追求自身利益的同时，也需要考虑到整体利益和长远发展。利益相容理论指出，合理的机制设计和利益协调，可以促使各方在追求个体利益的过程中实现整体利益的最大化。

（5）军地协同创新是开放式创新与集成动员有机结合。开放式创新理论强调利用外部资源和能力进行创新，而集成动员理论关注如何将分散的创新资源整合起来，形成有效的创新动力。在军地协同创新中，开放式创新理论和集成动员理论的应用有助于打破传统的创新边界，促进军地之间的知识流动和技术合作，加速创新成果的产生和应用。

综上所述，军地协同创新发展的理论逻辑建立在国家安全与经济发展相统一的基础上，通过科技创新的双轮驱动，实现跨领域协作的系统性工程，同时注重主体多元化与利益相容，以及开放式创新与集成动员的有机结合。这种综合性的发展模式有助于提升国家的科技创新能力和国防实力，实现长远的战略目标。

1.3 军地协同创新发展的现实逻辑

世界典型国家的军地协同创新是应对复杂安全威胁、赢得国家战略优势的重大举措[28]。这一战略的实施，旨在通过军地协同发展战略，提升国家的科技创新能力和国防实力。在这一过程中，各国根据自身的国情和战略需求，形成了不同的军地协同创新的现实逻辑。

首先，美国的军地协同创新逻辑体现在其强大的科技创新能力和雄厚的经济基础上。美国政府通过制定一系列政策和措施，鼓励私营部门参与国防科技创新，同时，美国国防部也积极与高校和研究机构合作，共同推动前沿技术的研发和应用[29]。此外，美国还通过战略能力办公室等机构，快速将民用技术转化为军用技术，以提升其军事竞争力。

其次，俄罗斯的军地协同创新逻辑则侧重于强化国家的战略安全和国防现代化。俄罗斯政府通过建立国家机器人发展中心等机构，推动军用和军民两用技术的研发，特别是在无人机、网络防御和人工智能等领域[28]。同时，俄罗斯还注重军地人才的融合，通过吸纳国防工业综合体的年轻专家，加强科研生产部队的建设，提升国防科技创新能力[29]。

再次，欧盟国家的军地协同创新逻辑则体现在对新兴领域的关注和投入。例如，英国等国家还建立了专门的赛博安全中心，提升网络防御能力。此外，欧盟通过筹集资金支持对赛博安全研究感兴趣的公司和研究机构，推动民用技术在军事领域的应用；通过合作项目支持推动成员国间的军民技术交流与合作。例如，欧盟的"地平线2020"计划就包含了军地协同的研究项目。

最后，中国的军地协同创新逻辑则强调军地协同发展的战略地位和总体目标。我国将军地协同发展上升为国家战略，通过顶层设计和政策引导，推动军地资源的优化配置和共享，实现国家整体战略利益的最大化[28]。同时，中国还注重在海洋、太空、网络空间等新兴领域推进军地协同发展，以科技创新为引领，加快形成多位一体、协同推进的新兴领域军地协同深度发展格局。

综上所述，世界典型国家军地协同创新的现实逻辑虽各有侧重，但共同的目标是通过军地协同发展战略，提升国家的科技创新能力和国防实力，以应对日益复杂的国际安全环境和战略挑战。这种融合不仅涉及技术、人才、资金等资源的整合，还包括制度、政策和文化等多方面的协同和创新。随着全球科技革命和产业变革的深入发展，军地协同创新将成为各国提升综合国力和战略竞争力的关键途径。

本书重点以美国、俄罗斯、日本、欧盟国家、印度、以色列等国家为研究对象，开展世界典型国家军地协同创新发展实践研究，为我国军地协同创新发展提供借鉴和启示。

第 2 章 世界典型国家军地协同创新发展历程、模式及趋势

2.1 世界典型国家军地协同创新发展历程

18世纪60年代，在工业革命推动下，世界经济进入资本扩张的时期。代表先进生产力的世界强国，纷纷以殖民战争的形式，掠夺资源，抢占市场。战争的需要进一步推动了军事工业的发展，尤其是第一次世界大战之后，以先进生产技术和生产能力为代表的军事工业开始从民用部门分离出来，优先发展，形成军民分离的生产格局。随着科学技术的进步和工业革命的推进，世界格局发生转变，战争的形式和军事需求发生相应的变化，军地协同创新式资源配置方式和军事科研生产能力调整成为各国发展的必然选择，逐步形成了各具特色的军地协同创新发展历程。

2.1.1 美国军地协同创新发展历程

图 2.1 为美国军地协同创新发展历程，根据军地协同创新的程度，可用冷战作为分界线，划分为冷战前、冷战时期和冷战后三个阶段，依靠成熟的市场经济体制、发展迅速的高科技实力及军民技术的双向渗透与双向扩散，开辟出一条"军民一体化发展"军地协同创新路径。

图 2.1 美国军地协同创新发展历程

一、冷战前：战时"民进军"，战后"军转民"

两次世界大战期间，美国军备内需和出口双增长，民营企业渐成军工主力。1941年末罗斯福发表"炉边谈话"，推行"七天工作制""设立新厂和扩建老厂""把小厂转入战时生产"等政策，开启了美国战时总动员。《租借法案》的签署使美国承担起为盟军保障军用物资供应的任务，使美国军备出口量大幅增长。国有兵工厂产能无法满足军备需求的缺口，民营企业逐渐承担补足任务。第二次世界大战期间，美国武器装备生产量占盟国生产总量的一半以上。

第二次世界大战结束，部分产能转移，满足民用需求。1943年美国已开展早期经济调整计划，一批战时兵工厂重新开设民用品生产线。第二次世界大战后，汽车、电器等消费品的需求逐步释放，军工企业开始转移部分产能以满足民用市场需求。美国国防开支占国内生产总值（GDP）比例从1944年超过40%下降到1947年的不足10%，军工产业成功融入民用市场。

二、冷战时期：军工产业疯狂成长，军地协同创新早期尝试

军备竞赛推动军工产业规模扩大、技术升级。1947年杜鲁门主义拉开冷战序幕，美国开启了长达40余年，耗资超13万亿美元的军备竞赛。美国持续增加国防开支，在1948—1960年期间，美国军费预算年复合增长率约为6.5%，是以10年为观察期的最快增速阶段。20世纪70年代，美国军工产业的主承包商和转包商数目高达13万家，而军工产业的核心从制造向研发转变，产业创新在航空、航天、电子等领域快速推进。

开启军地协同创新早期尝试。20世纪70年代，美国政府曾动员数百名科学家研究军用技术转民用的问题。1974年，美国成立联邦实验室技术转移联合组织，涵盖180多个大型研发实验室，同样尝试技术上的转移应用，但后来未能看到显著成果。1984年，美国政府将原《武装部队采购条例》和《联邦采购条例》合并为《联邦采办条例》，在采办制度上为军地协同创新奠定基础。

三、冷战后：军地协同创新正式开展，着手军民一体化建设

冷战后，美国国家战略转向经济建设，国防开支大幅削减，军工行业产能严重过剩。同时，苏联的解体使美国缺乏继续保持军备绝对领先的动力源泉，研发费用和时间成本高昂的先进国防项目对多数企业来说意味着巨大的风险。军地协同创新正式提出，建立统一的国家工业基础。

- 1994年：美国国会技术评估局在《军民一体化的潜力评估》研究报告中，首次提出"军地协同创新"：军地协同创新是将国防科技工业基础同更大的民用科技工业基础结合起来，组成一个统一的国家科技工业基础的过程。

- 1996年：美国国家科学技术委员会在《技术与国家利益》的政策文件中，首次提出军用和民用工业基础的融合问题，强调"必须形成一个同时满足军用和民用两方面需求的工业基础"。军地协同创新战略成为国家战略后，美国开始正式进入军民一体化建设。

走符合自身特色的军地协同创新之路，进入军地协同创新发展快车道。美国通过军方、军工部门和军工企业的调整改革，以及军政部门间和企业间的合作，开启军民用技术和资源双向转移之门，促进国防建设与经济发展的良性互动。2001年小布什政府大幅提高了美国国防预算，并大力推行以信息技术等高新技术为核心的新军事变革。为确保21世纪的绝对军事优势，美国强调要利用民用经济中的高新技术爆炸式发展来实现国防科技的跨越式发展。美国将军地协同上升为国家战略层面，不仅由国会、国家科学技术委员会等参与军地协同顶层架构的设计，而且相关法律和政策均由国防部、能源部、商务部等多部门协作制定。2020年5月20日发布的《美国对中华人民共和国的战略方针》的文件中提到"军地协同"战略，充分显示出美国高度注重军地协同项目的发展[30]。自此，美国军地协同创新进入快速发展时期。

2.1.2 日本军地协同创新发展历程

由于受第二次世界大战后《雅尔塔协议》《开罗宣言》等协议的影响，日本的国防建设以民用部门为主体，用"先民后军、以军掩民"

的发展模式，通过无偿转让军用技术、提供财政补贴、税收优惠等手段，鼓励发展军民两用技术。日本最终形成以三菱重工、川崎重工等大企业为主导的国防生产体系。虽然军品收入占比较低，但民品竞争力强，军品生产潜力大。从日本军地协同创新发展历程（图2.2）可以看到，日本军地协同创新大致可以分为以下两个阶段：

```
┌─────────────────────────────────────────────────────────┐
│  20世纪60年代至70年代初  │  20世纪70年代中期至今        │
│                                                         │
│  ①"寓军于民"战略提出阶段  ②"寓军于民"战略发展阶段      │
└─────────────────────────────────────────────────────────┘
```

图 2.2　日本军地协同创新发展历程

一、"寓军于民"战略提出阶段（20世纪60年代至70年代初）

"寓军于民"战略以法律文件形式确定，拉开军地协同创新大幕。从 20 世纪 60 年代开始，日本政府提出军事技术的开发要充分利用民间的科研力量和开发能力，其"寓军于民"的军事工业指导思想逐渐明确。1970 年，日本颁布《国防装备和生产基本政策》，提出最大限度利用民间企业的开发能力、技术能力，将"寓军于民"的战略思想以法律形式固定下来。自此，日本军地协同创新大幕正式拉开。

二、"寓军于民"战略发展阶段（20世纪70年代中期至今）

推进"寓军于民"模式，经济效益、国防效益双丰收。日本政府不断坚持"寓军于民"战略，取得了明显的经济效益和国防效益。一方面，该模式降低了军事生产的机会成本；另一方面，提高了战时军工生产的转产能力。"寓军于民"解决了"民转军""军转民"不灵活的问题，壮大了日本的战争潜力，提高了日本按照国防需求变化而调整军工生产的能力。

2.1.3　俄罗斯军地协同创新发展历程

俄罗斯从 1992 年开始，主要以行政手段，自上而下开展"军转民"活动。图 2.3 展示了俄罗斯的军地协同创新发展历经中央政府主导的"雪崩式"军转民阶段→地方政府引导的"渐进式"调整阶段→国防军工综合体重组阶段→深化一体化阶段四个阶段，最终形成以国家军工－金融综合体为主导的武器装备研发体系。通过"军转民"，俄罗斯民品竞争力有一定提升，但整体竞争力不强，军工生产潜力仍未充分发挥。

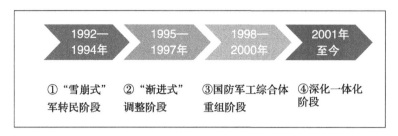

图 2.3　俄罗斯军地协同创新发展历程

一、"雪崩式"军转民阶段（1992—1994 年）

1992 年，叶利钦政府采用快速私有化的"休克疗法"，开启俄罗斯国防工业"雪崩式"转型。在毫无准备的情况下，俄罗斯政府将武器和军事技术装备的采购规模缩小了 67%，同时，民用品生产力也受到了影响。1992 年中至 1993 年底，俄罗斯政府强迫 719 家军工企业实现了转产。西欧国家在财政支持充足的情况下，推进军转民速度每年 3%~5%，美国也仅为 2%~3%。在此大规模、高速度的转产下，直接导致军工行业全面混乱的局势。

二、"渐进式"调整阶段（1995—1997 年）

改变中央政府直接干预的模式，权力下放至各地方机构。俄罗斯联邦政府与各联邦主体签订了关于国防工业军转民进程方面的权力划分协议，改变军转民中央政府直接干预的模式，使军转民开始向联邦主体深度渗透。

调整私有化政策，改大规模私有化为个案私有化。俄罗斯政府根据先前私有化过程中出现的问题，调整私有化政策。

保留重点企业国有，其余企业进行股份制改造。1996年，俄罗斯出台政策，480家军工企业继续保留完全国家所有制，其余企业都进行股份制改造。重点企业联合组建大型工业集团，其余企业私有化：1997年，在现有的1749家军工企业中，只保留40%的重点企业；在重点企业的基础上将组建一些能把军工综合体精英联合在一起的大型工业集团公司；其余的军工企业都将逐步由企业自己实现私有化。

俄罗斯国防支出占GDP的比重由4.9%下降至3%。从1992年进入改革后，俄罗斯国防支出占GDP的比重呈阶段性下降趋势，国防支出由1992年占GDP的4.9%下滑至1998年的3%，国防工业对GDP的影响降至历史最低。这一比重的下降主要是由于国防工业产值的持续下滑，而不是军转民带动经济增长。

三、国防军工综合体重组阶段（1998—2000年）

军转民向军工行业结构调整转变。1998年，俄罗斯制定军转民和改组专项规划，规定军企要转向民用生产，要求在航空航天、电子、通信设备等部门优先采取军民两用技术；国家投资约400亿卢布用于国防企业向交通、通信、燃料能源等产业转移；要求对军工企业实行优化改组，对国防工业1700多家企业进行深化改革，计划到2000年前，把执行国家国防订单的1200家企业减少一半，建立由670家企业组成的国防工业的"核心"。此项改革规划的出台，标志着俄罗斯军工行业开始向军民一体化的高科技工业集团过渡，军转民向行业结构调整转变。

四、深化一体化阶段（2001年至今）

军地协同创新进入良性轨道。2000年普京执政后，出台一系列措施，带领俄罗斯走上军地协同创新、军工企业改革的良性道路。2001年出台的基本方针强调：发展军事工业体系，保障军队建设计划以及武装力量的武器需要计划，提高军工的科技含量和效率，建立大型一体化的军事工业综合体，加大对军事科研和设计的投入力度，有效利用军事工业实力，发展民用经济部门。这一方针，奠定了普京后续军地协同创新、军工改革的思路。同时，普京政府对之前军地协同创新过程中出现的各种问题进行总结，吸取经验教训，继续不断深化军地协同创新一体化。俄罗斯出台《俄罗斯联邦国防工业军转民法》，使军工企业在"军转民"过程中免遭破产，得以保留军工生产能力；建立双向共赢的军民联合集团，将研究所、工厂、企业、金融贸易集团联合起来形成"金融－工业"集团，并配备专业银行为其筹集资金，如莫斯科航天军工综合体，实现在满足军工生产能力的同时扩大对食品、医疗等民用领域的生产[31]。

2.1.4 以色列军地协同创新发展历程

以色列以武立国，高度重视国防工业，用军事技术带动国民经济发展。以色列在建国之初就将国防工业作为立国之本，以国防工业带动国民经济发展。图 2.4 展示了以色列军地协同创新发展历程，主要分为两个阶段：第一阶段是武器研发单位转为国有军工集团，并给予自主经营权，同时开始民品生产，即国有军工企业公司化阶段；第二阶段是军工企业进行私有化改革，鼓励并购重组，增强企业竞争力，即国有军工企业私营化阶段。

图 2.4 以色列军地协同创新发展历程

一、国有军工企业公司化阶段（20世纪90年代至21世纪初）

国有军工企业公司化，开启"以军带民"军工企业公司化，拥有自主经营权，并部分转向民品生产。1990 年，以色列国防部下属 TAAS 公司和拉法尔武器装备研制局转变为国有公司，组建适应市场运作的集团，获得自主经营权，并且转向民品生产。

二、国有军工企业私营化阶段（21世纪初至今）

国有军工企业私营化，坚持军转民军工企业私营化改革，坚持实行军转民战略。以色列政府持续实施国有军工企业私营化改革。2004年，以色列 TAAS 公司开始向私营企业出售部分业务部门。虽然目前国内仍然有一些权威组织反对国有军工企业私营化，但以色列政府坚持支持和实施这一策略，并且批准以色列飞机公司生产线实行全球化。私有化后的军工企业开展合并、重组、与其他公司联合，显著增强了企业竞争力。

2.1.5 欧盟军地协同创新发展历程

图 2.5 展示了欧盟军地协同创新发展历程，各国审视军民关系，走向军地协同创新之路。第二次世界大战后，各国元首开始以战后的视角审视军与民之间发展的次序问题。法国率先从法律和会计制度上实现军民通用，去除军用采购和民用采购之间的差异，同时考虑国防政策与经济社会政策。德国、意大利也是欧盟军地协同创新的支持者，其采取的主要措施是缩减国防经费预算，加强国防科技的国际合作。

图 2.5 欧盟军地协同创新发展历程

欧盟各国协商一致，致力于国防科技一体化。欧盟各国国防军工企业能力不同，军转民经历与进度也不同，但经各国协商，在科研政策、国防工业、科研人才三个方面达成一致，致力于欧盟国防科技一体化。其目的是在开发民用技术的基础上，运用军民联合开发技术，为从民用技术合作过渡到军用技术合作奠定基础。

一、法国：国家出面整合资源，以军养民

冷战时期，军事对峙形势严峻，法国强调建立一个完全独立的国防工业体系，优先保证战略核武器的发展，法国军工企业绝大部分在国家的直接或间接控制之下，并主要依赖军品订货。因此，逐渐形成了能够研制生产包括核武器在内的各种武器装备的国防工业体系，军队装备国产率达 95%。冷战结束前，法国国防工业近 80% 直接或间接为国家所有，核武器、大型常规武器及其重要分系统全部由国家军工厂或国有公司控制，而且基本是独家垄断。

冷战结束后，国家指导国防工业向军民两用方向发展。法国从 20 世纪 80 年代就开始重视军民两用技术的研发，90 年代主推"放开"政策，鼓励由国立科研机构、高校与企业共同参与国家大型科技研究政策[31]。1994 年法国国防白皮书明确提出：一部分国防工业要考虑向军民两用方向发展；国防高技术的研发要以两用技术为重点，要通过优先发展军民两用技术来加强研究和技术开发。此外，法国通过实施国家大型计划，发展军民两用国防高技术，确保高技术产业的国际领先地位。

二、德国：充分利用民间力量进行武器装备研究与生产

第二次世界大战后，德国以合同方式，将武器装备委托给民间企业和科研机构。由于历史原因，德国没有独立的军工体系和国防科研体系，因此德国没有国有军工企业，其武器装备的研制和生产通过合同方式委托给地方科研院所、高等院校和工业界。德国充分利用民间企业和科研机构，将军品的科研生产纳入市场体系中，并由国防部的国防技术和采办总署通过合同方式管理。

1992 年制定的国防方针明确规定，德国必须保持强有力的国防科技生产核心力量。德国装备部门和从事军工的企业界已提出保持核心力量的一些建议措施。德国国防部通过制定可靠的规划，考虑和照顾到参与军工生产的企业的利益；合理安排研制、生产和维修等任务，避免忙闲不均，保持生产线的正常运转。德国积极发展军民两用技术。

为使联邦国防军的武器装备保持技术上的优势,德国将加快发展军民两用技术作为国防科技工作的重点。德国国防部加强与主管民用科研的联邦研究与技术部的合作和协调,并促进工业界参与军民两用技术的开发。

2010年以来,德国充分利用民间力量进行装备研究、研制和生产。武器装备的研制和生产均由地方企业承包,一般情况下德国国防部对高等院校和工业界的研究机构不提供资助,仅通过签订具体科研项目合同使其承担部分国防科研工作,德国国防部根据合同进行管理,包括检查研究工作的进展情况和对研究成果进行评定。

2.1.6 印度军地协同创新发展历程

图 2.6 展示了印度军地协同创新的发展历程。印度是国防科技实力较雄厚、经济发展较迅速的发展中国家,也是南亚和印度洋地区首屈一指的军事大国。1947年独立以来,印度一直将世界大国作为国家发展的战略目标,并将国防科技作为实现大国目标的重要支柱积极发展。在推进国防科技发展过程中,印度逐渐形成了"以军为主、军民结合"的科技发展模式。同时,印度抓住20世纪80年代全球信息化蓬勃发展的机遇,大力推动信息技术以及信息技术产业尤其是软件产业的发展,取得了举世瞩目的成就,不仅推动了印度经济迅速腾飞,也促进了印度军地协同创新的发展。

图 2.6 印度军地协同创新发展历程

印度军地协同创新的推动发展与其国防科技尤其是信息技术的发展紧密关联,大致经历了以下三个发展阶段:

一、"以军为主"发展阶段（20世纪70年代至90年代）

举全国之力发展军工电子技术产业。为满足军队建设对现代化技术装备的需求，印度政府鼓励国防军工企业生产军用电子设备及海军、空军所需高技术装备。在诸多高技术领域中，印度一直将发展电子技术置于重要位置，尤其是在发展国防军用高技术中突出的电子工业技术。为促进这一技术领域的发展，从20世纪70年代开始，印度政府连续制定和发布了多项全国电子工业发展政策和规划，指导和鼓励产业技术进步与发展。印度政府还先后资助建立了大量的民用和国防电子技术中心与电子工厂，鼓励其生产用于军事防御、通信、航空、原子能等方面的电子设备。20世纪80年代正值世界范围内新技术革命蓬勃兴起，而此时也正是印度信息产业特别是软件业崛起的时期。印度将发展信息科技作为国防科研发展突破口，建立新型国防工业基础，发展重点包括大规模通信网、国家信息网和信息库的建立、自动化生产程序和计算机辅助设计等领域，并进一步降低成本鼓励出口和推动电子产品价格国际化，扩大国际市场需求。1983年到1992年，印度政府共投资23亿卢比用于军用微电子技术的研究和开发；投资20亿卢比用于开发大规模集成电路技术。

二、"军民结合"发展阶段（20世纪90年代至2014年）

利用社会资源加快军队信息化转型。从20世纪90年代开始，印度政府以网信尖端技术自主发展为中心，以产研结合、重点发展为方针，大力鼓励建立本土研究设计和开发机构。1992年，印度国防部成立自主化评估委员会（SRRV），在经过深入研究后制订了"十年期自主发展计划"，其中提出了"自主指数"（SRI）概念，该计划要求到2005年将自主指数由30%提高至70%，实现国防产研自主化。1993年，印度政府开始加大国防工业生产对私营企业开放的力度，逐步允许私营企业参与军品生产。1995年，印度议会国防委员会建议，削减不必要项目的经费，着力发展重点关键项目。据此，印度国防研究和发展局（DRDO）终止了618项中小型计划，仅保留了371项重点计划，将信息技术、航天技术等列为优先发展项目，并在多个关键领域实现突破。同年，DRDO专门投资4530万美元实施"综合电子战"计划，以全面提高军事电子情报的搜集、处理能力以及部队的电子战能力。1998年，印度军方（以下简称印军）与印度工业联盟成立专门工作组，制定印军引进民用信息技术的"九点方案"，共同研究开发国防软件系统。许多私营计算机公司积极为军方提供计算机安全技术，包括安全程序、防火墙、加密技术和计算机入侵探测装置等。

2002年，印军"一体化CJSR发展规划"正式启动，对各军种信息平台进行统一技术改造，以实现全军各网络系统联网，最终形成国家战略、战役和战术层次上的C^4ISR系统。2005年，印度国防部成立专门负责网络中心战的网络部队，人员由军队和地方信息技术专家组成。2007年，印度组建了陆、海、空三军联合计算机应急分队，其成员来源包括征召入伍的民间黑客和编程高手。为增强网络进攻能力，印军还同印度科学院、印度技术学院等地方信息技术专业机构在网络方面广泛进行技术合作。

三、"军民深度融合"发展阶段（2014年至今）

通过2014年6月26日至2015年9月22日期间发布的一系列通知，印度政府已经将许可证要求限制在国防装备公告列表中，并将其公开发布。许可的有效期已由3年提高至15年，考虑到国防合同的酝酿期较长，可延长至18年。应用程序已经自动化和简化。

2016年12月，印度国防部设立技术发展基金，为有意参与国防高技术研发的中小企业提供资金，每个项目支持额度约为1亿卢比。2017年4月，印度政府批准国防部成立国防创新基金，支持研发机构、学术界和企业开展先进军事技术自主研发，创造促进军事技术创新的生态系统。国防创新基金初期由印度斯坦航空有限公司、印度电子有限公司两家大型国有军工企业出资，启动资金约10亿卢比，后期更多经费则将通过政府拨款和公私部门组织捐款等方式筹集。

根据2017年6月29日发布的标准操作程序，外商直接投资提案将由印度国防生产部直接向相关部门提出，同时将向内政部寻求安全许可。在外国直接投资监管放松后，印度国防行业的联盟和伙伴关系可能会出现创纪录的增长。

2.2 世界典型国家军地协同创新发展模式

2.2.1 世界典型国家军地协同创新发展的阶段划分

纵观典型国家军地协同创新发展历程，虽然英国、日本和德国的军地协同创新较早开始探索，由于当时宏观环境和微观经济条件限制，军民领域的互动主要以军事需求为中心，采用军事生产能力提升的"民参军"和过剩军事生产能力转移的"军转民"两种形式。

世界范围内的军地协同创新开始于冷战结束后。美苏军事对峙结束后，和平与发展成为世界主题，典型国家纷纷减少国防支出，在建设国防的同时，考虑经济的可承受能力，开始了以军用高技术转民用为主，军民两用技术开发的军地协同创新式发展。2000年，美国遭受恐怖袭击，反恐主题引起世界范围的重视，各国纷纷增加国防开支，军地协同创新以民用先进技术进入国防领域为主要特征。21世纪第一个十年之后，国际国防开支进入一个新的投入增长期。国际形势错综复杂，战争形式变化多端，各国军地协同创新从科技领域拓展到传统领域，拓展到网络、太空、海洋等新兴领域，军地协同创新也进入全方位系统化深度融合的发展阶段。国防科技工业是军地协同创新的重点领域，本书结合国防科技工业军地协同创新特征[32]，把军地协同创新划分为军民转化阶段、军民初步融合阶段和军民深度融合阶段。

一、军民转化阶段（战争时期）

军事需求规模变化引起军民生产能力相互转化，是这一时期的军地协同创新的动因，打造军事优势是军地协同创新的重点内容。第一次世界大战的武装力量建设，把先进的技术和发明引入军事领域，形成了初期的国防军事工业。工业革命与不断出现的技术创新相结合，促进军工产业的成长壮大，引发了军民两部门的逐渐分离。第一次世界大战后，过剩军工生产能力向民用领域的转化是军地协同创新的初级试探，由于融合的宏微观环境并不成熟，融合试探几乎以失败告终。英国索普维斯（Sopwith）飞机制造公司的摩托车特许生产（也生产厨房器具和几种飞机原型机）成为"军转民"试探失败的典型案例。第二次世界大战期间，世界主要参战国动员和资源汇集能力，使得大量的民用公司参与军工生产，军地协同创新出现"民参军"的新形式。典型的是德国法西斯上台后，实行国家资本主义，利用政府的力量驱动民间资源隐蔽发展。第一次世界大战后明确限制德国使用的先进武器，军地协同创新进入一个新阶段，很多民间工业企业进入军事生产领域。第二次世界大战后，东西方开始进入较长时期的冷战阶段，由此产生的军备竞赛刺激了军工产业持续扩张。社会资源较多地投入军事领域，军事技术领先于民用技术得到重点研发，军事工业相对发展壮大，并对民用部门实行封闭政策，军民两部门呈逐渐分离的状态。冷战期间，为保持世界霸主地位，美国推行"先军后民、以军带民"的政策和军民分离的国防采办制度，逐渐形成了民用和军工几乎完全分离的两个市场。随着军工生产的发展壮大，对资源的需求也越来越多，为节约资源和缓解军备竞赛的压力，英国、法国、德国开始展开军事合作，共同开发高新技术装备。更多资源投入军事部门，"军民分离"加剧。长期的军备竞争对国民经济造成巨大压力，也最终导致苏联解体，军地协同创新需求空前高涨。

二、军民初步融合阶段（冷战结束后到20世纪初）

这一时期，战争形式具有高科技化特征，优化军民资源配置，打造具有新型作战能力的科学技术优势是这一时期军地协同创新的动因。由于竞争对手的消失，西方世界强国的国防预算开始下降，军地协同创新成为军工产业发展的重点，也成为既能促进国民经济发展又能保持军备能力的双赢策略。另外，新军事革命的蓬勃发展，也给军地协同创新提供了新的机遇。俄罗斯政府吸取苏联解体的教训，开始大力推行国防工业"军转民"政策，开始强调发展和采用军民两用技术，促进建立军地协同创新的工业体系，2001年7月，俄罗斯政府批准了《2001年至2006年俄罗斯国防工业改革和发展规划》，确保经济转型期高技术武器装备的研制生产能力。美国则对军地协同创新发展过程中存在的技术障碍与技术标准壁垒进行消除。特别是21世纪以来，以信息技术为代表的高新技术被广泛用于国防和民用领域，美国、英国、日本等国的军地协同创新走得更远、融得更深。这一阶段的特点是打破冷战时期形成的军民分离壁垒，通过"军转民"和"军民一体化"等方式，开始更高层次的军地协同新发展。

三、军民深度融合阶段（2010年至今）

依托科技优势，打造新兴领域绝对优势是这一时期军地协同创新的动因。自2010年以来，信息化战争形态转变和新军事变革的推进，使战争需求规模和作战能力发生改变，国防建设和经济建设的关系更为深刻复杂，特别是技术方面，军事技术和民用技术两者的通用性越来越强。新技术环境和市场环境以及国际武器竞争市场环境倒逼军地协同创新由要素和投资驱动转向全要素多领域的创新和财富驱动的深度融合。英国政府始终把科技创新放在国防工业发展的突出位置，制定明确的创新战略和计划，在政策和体制机制上加大管理力度。2010年12月20日，英国国防部发布《英国国防与安全装备、保障和技术绿皮书》，明确通过全球市场公开竞争采购，尽可能购买民品现货或技术，保护具有战略重要性中小企业的技术路线。俄罗斯通过的《2010年前国防工业综合体改革与发展》联邦专项计划最具关键性的作用，该计划确定了国防工业10年内改革与发展的主要方向。该计划指出，对国防工业的企业实行大规模的结构改造，将最终建立起数量有限、具有完整生产流程的联合控股公司。《2019财年国防授权法案》作为美国财政年度国防预算的"总会计师"，其条款中大量出现了鼓励军地协同创新和两用技术发展的政策法规，意味着美国军地协同已处于深度发展阶段，对军地协同创新和两用技术发展起着核心推动作用[33]。

2.2.2 世界典型国家军地协同创新发展模式分析

冷战结束到当前时期，军地协同创新发展已成为国际潮流，并呈现出加速推进的趋势。总体来看，美国主要采取"军民一体化"模式；

日本受战败国地位的影响，采取的是"以民掩军"模式；俄罗斯过去实行的是"军民分离"模式，但近年来，国防工业军地协同创新呈现出快速发展趋势；以色列采取的则是"以军带民"的模式；欧盟在政策上非常重视军民两用技术开发，以及中小企业作用的发挥，采取的是"民技优先"模式。结合具体国家实施军地协同创新的背景和发展趋势，军地协同创新发展方式有"整体推进"、"以军带民"和"以民掩军"三种模式。

一、"整体推进"模式

美国和俄罗斯的军地协同创新虽然经历了不同的发展道路，但自1990年以来，两国军地协同创新的发展方式共同指向整体推进的发展方向。

（1）法规先行。美国政府于1994年出台了《联邦采办精简法案》、1995年9月出台了《国家安全科学技术战略》，美国要求国防部更多地采用民用技术、标准及产品，使军、民用产品和技术互通互用。美国国防部成立了"技术转移办公室"，作为军、民用技术转移的牵头管理机构，并在相应政府部门和协会建立相应的协同机构。自2017年以来，美国军地部门加快实施第三次"抵消战略"，发布《国家安全战略》（2017年、2018年）、美国第13800号总统令《保护联邦政府与关键基础设施网络安全》等，军民一体化协同创新能力不断提升。1997年，俄罗斯确定军转民的发展路径，出台多项政策支持和促进军地协同发展。为进一步整合国防工业，俄罗斯出台了《1998—2000年国防工业军转民和改组专项规划》，制定了军工企业长期发展战略。1998年俄罗斯杜马还通过了《俄罗斯国防工业军转民法》，以法律法规的形式，明确军地协同创新发展模式。此后又积极出台《国防工业转产纲要》《军转民规划》《改组专项规划》，制定《全球导航系统发展规划》《俄罗斯航空工业发展战略》《民用航空技术装备发展联邦专项规划》等，大力推行民技军用、加强军民两用技术开发的政策，对军地协同发展的重点领域和重大项目进行了总体筹划。2013年2月，俄罗斯政府修订并颁布《俄联邦国防工业委员会条例》，赋予国防工业委员会组织协调政府主管国防工业机构和国防部装备采办管理机构的职能。俄罗斯使国防工业军转民工作以法律形式确定下来，军转民工作有法可依。

（2）专项计划推动。美国国防部每年都要制订关键技术计划，对那些影响武器装备和国防工业发展的关键技术给予重点支持，并努力促进军、民用技术的双向转移。《2019财年国防授权法案》的条款中也出现了大量其他鼓励军地协同创新和两用技术发展的政策法规，例如在第226条中的《国防生产计划》第三部分，又如第225条中的小型企业创新研究计划（SBIR）、小型企业技术转移计划（STTR）、科学数学研究成果转化项目（SMART）。俄罗斯政府制定的《1998—2000年国防工业军转民和改组专项规划》要求对军工企业实行优化改组，使得军工企业数量到2005年缩减35%。1998年新规划还要求，在航空航天、电子、通信设备等工业部门，要特别优先采用军民两用技术。

（3）国防工业体系实施。美国国防工业体系的主体是私营企业，且大多是军民结合型组织，军、民用技术和资源是可共用的，并按市场经济规律运作。由于俄罗斯整个国家的经济实力欠佳，军民结合发展高技术以及技术转移的许多政策法规难以落实。因此，俄罗斯政府积极进行了一系列调整：军转民资金由联邦和地方预算共同提供，也可吸引贷款和投资；俄罗斯构建国防工业综合体，在航空航天、电子、通信设备等工业部门，要特别优先采用军民两用技术。

二、"以军带民"模式

以色列国土面积狭小（最窄处仅14.5km），资源匮乏，四面受敌。恶劣的地理条件和紧张的地缘政治环境，促使以色列只能以国防为立国之本，优先选择发展国防高科技，用先进的国防工业带动国民经济发展。以色列建国之初即以国防工业为立国之本，逐步建立起比较完整的国防工业体系，对国防工业的投资占国家工业投资的50%，同时为完善军民技术协同创新体制，以色列通过制定法规政策夯实了制度基础。制定了鼓励支持军民两用技术自主研发的政策，《工业鼓励法》鼓励对国防工业进行研发投资，促进了军工企业科技与民用企业科技的互相转移。制定了鼓励投资研发的《工业研发鼓励法》，明确规定政府资助能与企业的研发专利权使用费交换，共同分担技术研发带来的风险。还制定了军地协同企业财政拨款和税收减免的《资本投资鼓励法》，成立服务于国防科技的"约兹马"（YOZMA）等专项科研基金。以色列还鼓励高新技术首先在军工部门进行吸收，并对高新技术成果出口进行限制，通过军地协同使其成为全球高科技创新的发达国家。当前，以色列国防科技和武器装备在一些领域处于世界先进水平，特别在综合集成方面独具优势。先进的军事技术推动着国民经济的发展，使冶金、电子、材料、制造工艺、信息、生物等多个技术领域的民用产业，都在高技术国防工业的带动下，有了极大的发展，以色列"以军带民"的军地协同创新发展模式成效显著。

印度在武器进口和仿制生产中学习引进了先进的科学技术和生产技术，国防领域的自主创新进一步优先发展，以国防技术转让和武器出口带动民用领域快速发展。

三、"以民掩军"模式

由于历史原因，日本和德国没有独立的军工体系和国防科研体系，采用了"以民掩军"的发展模式，确立了主要依靠民间企业发展武器装备的基本方针。日本的许多民间企业，特别是大型企业都从事军工生产活动，主要通过建立政、军、民相结合的决策运行机制，并协调一致地采取行动；在军品采购过程中推行两用策略，鼓励企业发展军民两用技术和承担军工任务的企业实行优惠扶持政策，以确保其技术的领先优势等三大政策成功地寓军于民。德国武器装备的研制和生产在国防部的国防技术和采办总署的管理下以合同方式委托给地方科研院所、高等院校和工业界，发挥民间企业和机构在军品科研生产中的作用。

2.2.3 世界典型国家军地协同创新发展类型及特征

一、世界典型国家军地协同创新发展类型

依据各国军地协同创新政策落实的切入点不同，把军地协同创新

划分为以下三种类型：

（1）政策驱动型。俄罗斯军地协同创新采用"总统＋政府＋军贸公司"三级纵向管理体制，全面推行"国家军工＋金融综合体"军地协同创新模式。通过行政干预的方式，实施自上而下的军地协同创新政策，使国防科研规划和经费管理向国防部集中，国防科技工业生产专门部门管理向综合部门管理转变。俄罗斯还制定了促进军地协同技术的跨国合作政策，包括推动技术在各国流动、与其他国家建立技术合作平台等。

（2）市场驱动型。日本军地协同创新治理结构采用"政府＋军方＋民间企业"的"三位一体"管理体制。日本没有独立的国防科技体系，政府通过国防科学技术无偿转让、财政补贴、税收优惠等经济政策刺激企业，鼓励发展军民两用技术。日本形成了官、军、民三位一体的研发体系，在官产学研协同创新中，大学负责相关基础研究，政府负责构建运行机制，科技创新活动主要以民用企业为中心，如日本防卫省的武器装备计划与方案就是由军方科研部门与民间企业合作完成的。日本官产学研的主要特征是：政府提出新产品研发与新技术项目需求，以合同形式将研究交给大学或科研机构，鼓励和支持民用企业加入军民两用技术研发创新活动。成熟的市场机制和丰厚的经济利润回报，驱使企业在逐利的过程中实现了战败国日本"以民掩军"的军地协同创新模式。具有类似经历的德国，利用欧盟市场经济机制，采用合同委托生产的方式，实现"以民掩军"的军地协同创新模式。

（3）技术驱动型。美国、以色列、欧盟国家、印度的军地协同创新采用技术驱动型。美国采用"立法＋行政＋司法"的"三头"治理结构，通过立法明确技术创新的军地协同创新方向，通过专项计划推进军民两用技术的互通互用，由政府出资的科研主导者负责国防科研和技术开展活动，如召开"美国工业界人工智能峰会"，邀请亚马逊、谷歌、波音等企业参与人工智能领域军事化应用的关键核心技术突破。以国防科技工业为立国之本的以色列，采用"国家＋部门＋公司"的治理结构，选择优先发展国防高科技。欧盟各国为缩减经费，优先采用民用技术，建立一体化的国防科技体系。典型如法国，通过国家大型计划发展军民两用技术，确保国际领先，推行"以军养民"的融合模式。1962年的中印边界冲突，使印度产生了新的国防意识，认为发展经济不能以牺牲国防为代价，至此开启以自主创新为主的技术驱动型军地协同创新模式。

二、世界典型国家军地协同创新发展特征

基于以上分析，不难发现，科技创新引领、市场推动、政府的权威作用、高层决策机构有效整合逐步成为当前世界典型国家军地协同创新发展的基本特征。

（1）科技创新引领。任何发展模式都是以科技创新发展为支撑。分工是工业社会的特点，融合是信息社会的特点。工业化时代的军地协同与信息化时代的军地协同具有完全不同的技术和社会意义，工业化进程中相互配合、相互照应的弥补关系，逐步转变为信息化进程中相互促进、相互依存的共生关系。各国经验证明，科技创新开展得较为成功的国家，通过统筹建立协同创新机构、制定协同创新规划、利用协同创新资源、构建协同创新保障较容易地实现军地双赢。

（2）市场推动。军地协同创新既是科技发展的产物，也是运用市场手段优化军地资源配置，实现综合效益最大化的要求。市场从封闭到开放、从垄断到竞争的过程，是提高综合效益、实现资源最佳配置的过程。从这一角度来看，市场会产生比任何行政指令都强大的推动力。从美国到欧洲开展的以兼并、收购为主要手段的军工产业集中化，就是为了通过专业的市场化整合、资本的市场化运作及产业的市场化发展，实现军地协同发展，降低成本，提高效益，保持新一轮竞争优势。各国经验证明，开放、竞争的市场环境有助于实现效益提高和资源的最优配置，进一步助推军地协同创新转型成功。

（3）政府的权威作用。军地协同创新进程中政府的权威作用：一是打破壁垒，发挥主导力量形成完善的体制机制，保障军地协同创新发展的战略方向；二是克服市场存在的短视，推动和组织多种资源和多方力量开展重大战略项目的开发，助推军地协同发展；三是通过设

置适当壁垒,保护国防军工的关键技术与核心专利。

(4)高层决策机构有效整合。任何力量的重新组合都会涉及范围的重新划分和利益的重新分配,矛盾纠纷难以避免,处理矛盾纠纷需要统筹、协调、决断。第二次世界大战中,美国在政府组织、军地合作、资源配置、决策程序方面都暴露出不少问题。如军种之间缺乏协调,军事与经济缺乏协调,军事部门和政府其他部门之间也缺乏协调,军民一体的国内资源动员机制呈现空白,不得不做出一些临时性安排。战时担任陆海军装备委员会主席、战时生产委员会副主席的埃伯斯塔特认为战后体制中存在的最大问题是缺乏统筹协调,军种之间,军事和经济之间,外交政策和军事政策之间,战略、政策规划和执行之间,都存在妨碍决策和执行的鸿沟。他的建议是超越和消除外交与国防、对内政策与对外政策、政府和企业的传统区隔,构建综合性统筹协调的顶层决策机构。这是后来著名的《埃伯斯塔特报告》中所呈现的内容。《埃伯斯塔特报告》力图从更加宏观的层面完成军民一体化整合,最终成为奠定美国国家安全体制的基石。

2.2.4 世界典型国家军地协同创新发展模式的对比分析

军地协同创新发展历程研究发现,虽然各国推进军地协同创新的历史背景和动因不同,但都具有以下共同特征:第一,遵循了"自上而下"的军地协同创新推进路径;第二,在推进的过程中制定了一系列与模式相适应的法规政策体系,以保障军地协同创新战略的贯彻实施;第三,军民一体化发展的历史趋势。

由于各国在不同历史时期的国际环境和国内安全形势不同,形成了富有成效、各具特色军地协同创新发展模式。军地协同创新发展模式的国际比较,按照军地协同创新背景和发展趋势不同,进行军地协同创新不同发展方式的比较;按照军地协同创新政策贯彻实施的切入点不同,进行军地协同创新不同类型的比较;按照军地协同创新科研生产能力不同,进行军地协同创新特点的比较。典型国家军地协同创新对比分析的主要内容如表2.1所列。

第2章 世界典型国家军地协同创新发展历程、模式及趋势

表 2.1 典型国家军地协同创新对比分析

国家	模式	类型	治理结构	国防科研	国防生产
美国	军民一体化	政策+资本驱动型（法规先行，专项计划推进，财阀垄断式参与）	立法+行政+司法	以政府出资为主导，政府机构占1/3，企业和大学占近2/3，其他为非营利机构	以私企为主，国企负责核心领域，定期评估能力。趋势：并购，多样化，出口
俄罗斯	国家军工+金融综合体	政策驱动型（行政干预，潜力未发）	总统+政府+军贸公司	规划和费用管理向国防部集中的趋势	生产管理向综合部门管理转变
日本	以民掩军	市场驱动型（经济刺激：无偿转化成果，税收优惠，补贴，鼓励发展，军民两用技术）	政府+军方+民间企业	自主研发，本国生产。科研力量构成：企业56.9%，政府4.5%，大学37.1%，其他1.5%	保护军工科研生产，财政补贴，税收优惠，弱化市场竞争
以色列	以军带民	技术驱动型（科技先行，军工引领）	国家+部门+公司	自主研发，本国生产（武器装备国产化率90%）	通过军工重组带动相关民用产业形成
欧盟国家	民技优先	技术驱动型（缩减经费，国防科技一体化）	不设	通过双边、多边合作，建立开放式产学研研究机构	组建一体化防务技术和工业基础
印度	以军为主，军民结合	技术驱动型（产业互动，自主创新）	内阁	自主研发，多方投资	建立国防辅助工业体系

2.3 世界典型国家军地协同创新发展趋势

进入21世纪后，世界形势正在发生深刻变化，新军事变革的步伐加快。各国在进行军事战略调整的同时，也积极制定新的国防工业政策和发展计划、规划，继续推进国防工业的转型和良性发展。可以预期，国防工业的战略地位和作用会继续加强，产业结构和产品结构的调整将持续进行。最近10年，世界各主要国家军地协同创新发展聚焦创新引领，关注新兴领域，注重开放创新，重视人才融合，凝聚民间力量，呈现出一些引人注目的新特点。

2.3.1 顶层设计与战略规划重要性日益凸显

随着国家安全和军事需求的日益复杂化，各国政府和军队越来越重视通过顶层设计和战略规划来引导和推动军地协同创新发展。世界主要国家频频发布战略文件，以"应对大国威胁"为核心，确定总体发展规划。

美国将大国挑战提升为首要安全威胁，《国家安全战略》《国家军事战略》《亚太地区海上安全战略》《网络空间战略》等重要文件，着眼于应对俄罗斯、中国等国家的"大国威胁"。

俄罗斯则强调美国和北约国家的安全威胁，俄罗斯总统普京签署新版《2020年前俄罗斯国家安全战略》，首次将美国及其盟友称为俄罗斯的"政治对手"，并称北约东扩是俄罗斯国家安全的威胁。

日本与美国联合修订《日美防卫合作指针》，为日本在西太平洋地区乃至全球挑起事端提供法律基础。

印度着眼构建"军事大国"和"地区强国"，突出加强中印边境和海上军事部署。

2.3.2 创新驱动的科技革命与军事革命同频共振

以创新为驱动的科技革命与军事革命成为攸关大国博弈成败、军队生死兴衰的关键变量。世界主要国家纷纷瞄准世界军事科技前沿，加强前瞻谋划设计和战略部署，加快战略性、前沿性、颠覆性技术发展，通过军地协同创新竭力抢占新科技革命的制高点。

美国为大力推动创新驱动的军事、科技革命采取的主要举措有：一是加大研发投入，美国国防部年度研发支出接近720亿美元，其中，125亿美元专门用于科学与技术，支持美国各地的国防实验室和工程中心、创新型公司、大学和美国国防部高级研究计划局开展突破性研发工作，美国国防部高级研究计划局每年投入国防总研发费用的4%~6%，用于支持军民两用技术的研发。同时设立小企业创新研究计划和小企业技术转移计划，并且2020年DARPA预算申请约为35.56亿美元（含管理保障），相对前两年，涨幅分别为3.8%和15.2%。二是促进军事科技创新融入国家技术创新生态系统，先后在硅谷和波士顿设立国防创新试点单元，旨在将新创意、新技术和新产品快速引入军事应用。如在人工智能领域，美国国防部将"联合人工智能中心"作为执行人工智能战略的核心单位，联合美军和17家情报机构，推动人工智能技术快速发展，加强与政府、企业、学术界，以及美国的盟友和伙伴间的合作。三是实施国家制造创新网络、推进更优购买力采办改革和战略能力办公室创新。四是成立国防创新咨询委员会等。

欧盟也加速投资国防创新。欧洲防务局表示，增加国防研发投资，启动试行项目，以应对欧洲面临的日益严峻的安全威胁。2015年底，英国宣布今后将确保每年将1.2%的国防预算用于技术创新，并斥资8亿英镑设立"军事创新基金"。英国还将成立新兴技术和创新分析中心，以应对潜在的能够改变游戏规则的重大技术。在2022年9月召开的国际宇航大会上，法国总理博尔内公布了法国太空和航天发展路线图，提出未来3年将在太空领域投入90亿欧元，并计划于2023年发射10颗"锡拉库斯-4"军用通信卫星，以完善其太空通信系统的建设。同时，法国还计划对核武器进行现代化升级，并增加在人工智能、量子计算机及军事情报领域的资金投入。

俄罗斯也采取一系列措施推动军地协同创新，包括先期研究基金会资助前沿研究、设立创新日、建立"开放式创新之窗"等。2013年，自俄罗斯先期研究基金会成立以来，持续聚焦前沿技术研究，2013年开展了23个项目研究，2014年上升至49个项目研究，2015年底已达到 50 余个项目研究，未来计划每年开展 60~70 个项目研究。2013 年 4 月，俄罗斯颁布关于建立统一的科研和设计工作信息数据库政府令；同年 11 月，俄罗斯颁布关于将科研和设计工作纳入国家统一信息系统的管理办法，以促进俄罗斯国防与国民经济建设各领域信息的深度融合。俄罗斯还选择了专门的商业银行，要求财政部做好监督管理工作，利用商业银行将专项资金贷款给军地协同企业，进而实现对科技创新的资金支持。

日本也开始资助具有强大科研实力的一流大学开展军事项目研究。第二次世界大战后，大部分日本大学遵循"不参与军事研究"的方针，近几年日本防卫省逐步开始与大学和研究机构展开数据交流、技术开发及设施共享等活动。日本防卫省展开了直接面向以大学、独立行政法人和大学自办企业为主的法人提供研究费用的募集活动。2019 年，日本政府加大了航天科学研究和技术创新经费投入，尤其是运载火箭、侦察卫星、态势感知、载人航天、军民商协同等方面的运行机制和技术能力的创新经费投入。

以色列重视军工企业的技术创新，通过对国有、私营与专业公司的培育和整合，构建了具有竞争力的行业，如航空工业、电子工业等。以色列公司设立了许多军民两用的生产中心，通过自主研发创新推动企业的民用技术产品发展，如生物、通信、农业与工业等领域[34]。2010 年发起的梅玛德（MEIMAD）项目就是为既满足军事需求又具有商业应用价值的新技术而设立的，对年销售额 1 亿美元以上的中小型企业在技术转让、新产品开发方面予以资助。2019 年，帮助创业公司开发军民两用技术的创新中心——创新防御中心（INNOFENSE）成立，该中心由以色列国防部、武器和技术基础设施发展局（MAFAT）、国防军联手私营企业以色列国土安全公司 iHLS 共同打造，发挥以色列国防部门在军事技术和私营企业在市场营销上的优势，融入创新性的商业模式，为入驻公司提供全方位支持，在军民两大市场中发力[35]。同时以色列也注重经费投入，从 1999 年至 2019 年各国国防预算/GDP 情况来看，以色列国防预算/GDP 均在 5% 以上，遥遥领先美国、德国、日本、韩国等国。

2.3.3 多措施并举持续推进新兴领域军地协同创新

随着科技的不断进步和国际形势的变化,军地协同创新将更加注重新兴领域的探索。同时,跨国合作和国际交流也将成为军地协同创新发展的重要趋势。

美国在战略规划方面,围绕新兴领域发布了一系列诸如《美国创新战略》《美国人工智能战略》《国防部数字现代化战略》《开拓未来的先进计算生态系统战略规划》等科技创新战略政策和规划计划,指导联邦政府投资重点,统筹军地科技创新,保持美国在前沿科技领域的领先地位。在机构布局方面,美国国防部设置研究与技术局、先期能力局以及美国国防部高级研究计划局(DARPA)、国防创新试验小组(DIUx)等7个科技创新机构等直属机构,围绕微电子、网络、量子科学、生物技术、定向能、机器学习/人工智能、完全网络化指挥控制通信、空间、自主能力、高超声速、第五代移动通信技术(5G)等技术领域实施专业化管理,在人工智能、区块链、网络安全、先进加密、先进计算、量子信息等方面加大预算投入和研发力度,快速形成了大量新研究成果,并迅速应用于军事领域,对武器装备建设和作战产生了重要影响。

在第三次"抵消战略"的牵引下,美国不断增加对网络战、太空战、电子战、水下作战、快速打击武器等高端项目的投入。在中国信通院发布的《全球人工智能产业数据报告(2019Q1)》中美国所拥有的人工智能企业数量远超排名第二的中国,在全球人工智能企业数量排名前20的城市中,美国就包揽9个;2020年3月23日,为确保美国境内5G无线通信系统和基础设施的安全,协助其盟国最大限度地提高5G系统和基础设施的安全性,从长远的利益出发,美国国会通过了《5G安全和超越法案2020》[30]。同时美军在电子战领域的投入正不断增长,2021年至2023年,其在该领域的支出已占全球的45%。2024财年,美军已花费约50亿美元提升电子战能力。至2033年,美军用于电子战能力的投入预计将增至75亿美元。从装备方面看,611亿美元将用于空中力量建设,重点包括采购F-35战斗机、F-15EX 战斗机、B-21 轰炸机、KC-46 加油机和 E-7 预警机等。481 亿美元用于海上力量建设，包括采购 9 艘新型舰艇和 88 架作战飞机，并为建造中的福特级核动力航空母舰和哥伦比亚级战略核潜艇提供建设经费等。139 亿美元用于支持美国陆军和海军陆战队装备现代化，包括采购多用途装甲车辆、新型两栖战车等。377 亿美元用于美国核力量相关建设，包括研发 B-21 轰炸机和哥伦比亚级战略核潜艇，并为 LGM-35A "哨兵"陆基洲际导弹计划提供资金。298 亿美元用于加强美国导弹防御，包括陆基中段防御和区域导弹防御网络的建设投资等。

同时，为在短期时间内实现快速部署，美国国防部以"战略能力办公室"为核心，不断推进民用技术的军事转化进程，试图提升其"改变游戏规则"的新能力。在一系列相关领域中，美国优先发展微电子导航系统、"蜂群式"无人作战平台、母舰式"武库机"及电磁轨道炮等新概念武器，以牢牢掌控全球军事竞争的方向、速度和节奏。美国于 2018 年 9 月发布了《国家量子信息科学战略概览》，旨在鼓励学术界大力研究量子科学与工程学，同年 12 月，美国又通过了《国家量子计划法案》，授权美国国家标准与技术研究院（NIST）、美国国家科学基金会（NSF）和美国能源部（DOE）三家机构在 2019 年至 2023 年共投入 12.75 亿美元资助相关项目研究，确保其在量子信息科学领域的持续领先地位[30]。

俄罗斯国防部组建太空监视部队，以保证航天器与国际太空站的安全；普京签署"成立国家机器人发展中心"总统令，将发展军用、特种和军民两用机器人系统作为俄联邦科学、工艺和技术的优先发展方向。此外，俄罗斯还开发不同类型的机器人系统，包括无人机、水下机器人和陆地机器人。

欧盟也加大向赛博安全领域的投资，并与私营部门合作致力于赛博安全。欧盟委员会筹集 4.5 亿欧元，用于资助对赛博安全研究感兴趣的公司、大学及其他研究机构。英国已经花费 19 亿英镑应对赛博攻击，还宣布其他大量赛博安全措施，包括创建一个国家赛博中心，进而将该中心打造成为英国首个专业赛博部队。

以色列非常重视重点产业领域的军民深度融合，特别是航空工业和电子工业领域。拉斐尔先进防御系统公司与埃尔隆电子公司成立的合资公司拉斐尔发展公司专门负责军用技术商业化运用，军用技术关注点在医疗器械、通信、半导体等领域。以色列把建设全球赛博强国作为国家目标，每年投入巨资进行基础设施建设，就是要把南部沙漠城市比尔谢巴建设成"全球赛博创新中心"。

2.3.4 拓展人才培养与管理强化军地创新协同通道

军地人才融合是最深层次的军地协同创新。世界主要国家为促使相关人员观念不断更新、思想保持开放，多措施并举推动人才培养的军民深度融合。

美国国防部在《国防授权法》框架下大力推行"人事验证计划"，强化各个科技创新实验室对高水平人才的聘用、激励和保留机制，更好地管理和支持国防领域的科技创新人才，扩大和维持大国竞争优势的人才基础；扩大"国防部部长企业伙伴计划"，向有资质的应征人员开放；实施军人职业生涯中断试点计划，让现役军人休假几年以获取学位或习得新技能；启动"企业家进驻试点项目"，逐步破除体制内的官僚文化；创立国防数字部队计划，从硅谷的高技术公司发现并"租借"技术精英为美国国防部工作，解决美国国防部面临的数据共享难题；启动"国防部部长管理人员见习项目"，每年将包括从三级军士长到上校在内的50名美军官兵送到微软、亚马逊等美国顶尖企业以及州和地方政府工作，见习岗位集中在后勤、项目管理或网络安全等私营部门更为擅长的领域。近年来，美国连续修订、出台了《美国竞争力法案》《加强自然科学技术工程学及数学教育法案》等一系列有关国家未来科技人才发展规划的重要法案，并设立专门的科学、技术、工程和数学（STEM）教育计划，鼓励学生研修相关课程，同时美国还成立了劳伦斯伯克利实验室、林肯实验室和贝尔实验室等850多个国家实验室，再加上国内众多知名高校中的研发平台，为聚集高素质科技创新人才提供了重要载体。

俄罗斯国防部组建科研生产部队，吸纳国防工业综合体的年轻专家；通过选拔具有实战经验的军官担任关键职位，如在叙利亚等战场上表现出色的军官被提拔为国防部副部长等高级职位；俄罗斯军队强调终身教育理念，军官在每次晋升或任职之前必须到相应院校进行进修，旨在实现职业教育与部队实际岗位的无缝对接。俄罗斯通过教育改革、实践导向、质量保障和人才管理等一系列创新措施，旨在构建一个高效、适应现代战争需求的人才培养体系，不断提升军官队伍的职业素养和技术视野，以适应现代战争的需求和提高军队的整体作战能力。

以色列在军地协同发展过程中也十分注重人才建设，把吸引各方面的管理人才与技术性人才作为重中之重。以色列不仅培养高层次的本国科技创新人才，还吸收各国的创新型人才，将这些管理与技术人才分配到军工部门或军民性企业中，促进军民技术的协同发展。为加大力度引进技术人才，以色列制定了"发展知识经济，重视人才"战略，吸收大量技术移民并为其提供安家费、教育医疗等优惠，招揽国际技术人才。在鼓励优秀人才回国方面，采用减税、免税或解决海外科技人才子女上学问题等方式。以色列启动"卓越研究中心计划"，通过建立卓越研究中心吸引全国各地的高级技术人员[34]。以色列成立以色列国家网络局（Israeli National Cyber Bureau，INCB），直属总理办公室，仅在2012年至2014年，该局就筹集1.8亿新谢克尔，用于鼓励军民两用领域内的网络安全研发与人才培养[35]。

2.3.5 积极整合外部资源全面激发军地开放式创新潜力

世界主要国家顺应开放式创新的新趋势，积极利用外部创新资源，通过孵化器、加速器、创业大赛、创客空间等将外部正在发展的技术快速引入国防创新领域。

美国积极探索外部创新渠道，通过举办"下一代太空体系架构"工作日活动，在先进极高频系统、下一代天顶持续红外项目、宽带全球卫星通信系统和全球定位系统（GPS）等项目之外，强调要加强同工业界的联系，共同致力于建设由数百颗可承载多种有效载荷的小型卫星星座。

俄罗斯国防部启动信息技术最佳方案研制竞赛,并将其纳入"俄罗斯军队2016"竞赛体系,旨在选拔一批有天赋的专家(包括军人),为解决武装力量急需的新科技和实践成果创造有利条件。

日本三菱重工为加强与公共研究机构、大学及高等专科学校的联合研究,在公司内部建立了"配套研究公募制度",公开招募合作项目,促进"开放式创新",尤其注重通过扩展研发网络促进新技术的挖掘。日本还通过提高采购价格、财政补贴及优惠政策等推动引进国外的军工科技,积极引导和激励跨国研发与生产,鼓励本国企业与国外企业进行技术合作。具有代表性的军民两用先进技术,如J/T冷却器、R/D转换器、UYQ-70技术就是日本与美国、澳大利亚、德国、挪威和西班牙海军通过长期合作完成的。

以色列加强与其他国家战略合作。以色列与法国签署空间合作协议,联合研发阿莫斯卫星项目和金星项目;以色列加入欧盟的研发项目,并积极采取措施鼓励推动本国军工企业与美国、法国、德国等国的军工企业合作,博采众家之长提升自身武器装备研发水平[36];美国国会通过的《美国与以色列战略合作伙伴关系法案》,以法律的形式将两国战略合作伙伴关系固定下来,截至2021年,美国已拨款近61.169亿美元,参与以色列的"箭"系列导弹、"大卫投石器"和"铁穹"导弹防御系统的研发与生产。

此外,世界典型国家还非常注重发挥中小企业在创新中的作用,引导和培育民间企业强势崛起,以激发军地协同创新发展的巨大活力。

美国航空航天局与私营太空运输公司合作,用美国太空探索技术公司的"龙"货运飞船向国际空间站运送补给品。2015年3月,美国太空探索技术公司使用"猎鹰9"火箭,将商业通信卫星送入地球同步转移轨道。美国在2015年成立的国防创新试验小组(DIUx),在快速推动商业技术在国防军事领域的孵化应用的同时,创新企业也能够迅速拿到军方订单,实现军民双方的互利共赢,DIUx大胆跳出五角大楼的固有框架,通过对创新型中小企业的前沿新兴技术进行资助实现外部创新,利用商业技术的创新发展推动国防创新[37]。商业公司已于2020年实现全球首次工程应用,政府和军方在2022年后陆续开展系统在轨验证。通过紧密的军民协作，美国正引领全球太空机器人发展方向，充分挖掘其平战两用潜能[38]。

法国一些国防承包商公司建立了军地协同创新发展的设计小组，利用同一套设计系统和软件进行军品或民品的设计，如"太阳神"军用侦察卫星就是在"斯波特"民用光学成像系列卫星的基础上发展而来的，这两个卫星采用相同的技术平台，只是在卫星相机的分辨率上人为地做了一些区别。阿海珐（AREVA）集团则是由法马通公司和核燃料公司等重组而成，成为了集核电设计、设备制造、核燃料工业于一体的特大核工业集团。

俄罗斯政府积极出台《俄罗斯联邦国家国防订货法》，对国防订货反垄断提出了特殊要求，明确指出，无论承包商属于何种所有制形式的科研生产单位，只要它具有完成国防订货任务的许可证，都可以成为国防订货的承包商。2016年3月，俄罗斯从事太空旅游业务的私营企业"太空旅行"公司，从俄罗斯航天国家公司获得"太空旅行可重复使用系统"项目的研发许可，这是俄罗斯私营企业首次获准开展亚轨道载人飞行业务。

第 3 章 世界典型国家军地协同创新发展管理体制

按照《辞海》的解释,"体制"是指国家机关、企事业单位在机构设置、领导隶属关系和管理权限划分等方面的体系、制度、方法、形式等的总称,是管理经济、政治、文化等社会生活各个方面事务的规范体系。如国家领导体制、经济体制、军事体制、教育体制、科技体制等。

基于《辞海》对体制的解释和学术界的通识,本章对军地协同创新体制研究主要从军地协同创新发展机构的设置、领导隶属关系及其管理权限的划分等方面的制度及体系来展开。本章研究的目的是基于典型国家军地协同创新体制的发展经验,总结推进军地协同创新发展的普适性规律,为我国军地协同创新体制改革提供前瞻性对策建议。

3.1 军地协同创新组织管理体制

3.1.1 军地协同创新组织管理体制的基本情况

一、美国军地协同创新管理体制

自冷战结束以后,国家国防建设方向,在国家安全之外呈现出多样化。将军民两大系统进行资源整合,打破军队独立体系,在国家安全的条件下,高效利用双方技术资源,同时弥补双方技术资源的缺陷,并进行创新溢出,这已成为军地协同创新发展的国际化趋势。但由于各国的国情不同，在军地协同创新组织管理体制方面也有所差异。

美国自1996年首次提出军民工业基础融合以来，十分重视军民两用技术兼容的发展，已形成了完善的产品、技术体系，当前两大体系融合度非常高，在经济发展和国防建设中发挥了重要作用。在组织管理上，美国是基于已有体制，赋予军民相关管理职能，既有可以从宏观层面进行政策制定及研究方向决策的组织框架，也有从微观层面进行技术军民联合研发共享的专项部门。融合过程中实行纵横交错的组织管理模式，纵向上按照国家层面、部门层面和行业层面进行分层次管理，横向上按照专业、领域进行划分，很好地发挥了军民自身的技术优势，同时也实现了二者的优势互补。

在国家层面，以总统为核心，总统对于军地协同创新重大问题享有最终决策权。根据1947年《国家安全法》授权建立的美国国家安全委员会，是直属总统办公室的一个内阁级机构，作为美国国家安全最高决策机构，自成立以来一直支配着美国的国家安全决策。此外，美国国会、国家科学技术委员会与总统科技政策局，也对国防建设与经济建设进行资源的统筹与政策的制定，从而形成针对军地协同创新制度的顶层设计。这一层面主要是对军地协同创新在法律制定及发展战略方向上进行决策，美国国家科学技术委员会主要负责按照军民两大系统的科技发展需求，为政府制订相应发展科技计划提供对应的协助。在美国国会当中的小企业管理局和管理局分别负责扶持中小企业参与装备建设与监督执行过程。

在部门层面，美国设有相关军地协同创新机构，国防部、能源部、美国航空航天局（NASA）为军地协同创新主要行政管理部门，根据各自的科技与装备需求，对军地协同创新的各种活动进行规划引导、采办和投资支持、行业和总体监管。如美国1993年设立的跨部门的国防技术转轨委员会，成员包括陆海空军、商务部、能源部、NASA及国家科学基金会等单位。2017年6月30日，美国总统特朗普发布行政令，要求重新建立国家航天委员会，明确表示要在未来发展过程中实现军、民、商航天活动统管，并逐步提升到国家战略层面[39]。

在行业层面，主要包括军民两用技术开发机构、军民两用技术转移机构、行业协会和咨询机构等，这些机构可在军民之间发挥桥梁纽带作用，引导企业参与装备建设，推进技术、产品和成果在军民领域的共享和转移。

二、英国军地协同创新管理体制

英国国防工业的最高决策层包括国会、首相及其下设的国防与海外政策内阁委员会。政府管理部门包括国防部、贸易与工业部和原子能总局等。英国国家层面常设的统筹协调军地协同创新发展的决策机构是"国防与海外政策内阁委员会"。该委员会下属的"生产委员会"是国防科研、军工生产与装备采购的最高决策机构，负责制定重大方针政策，审批重大发展计划。在"生产委员会"的具体指导下，国防部颁布了若干重大战略文件，对促进英国军地协同创新发挥着重要的决策指导作用。

（1）发挥职能机构的组织协调作用。为加强对军民合作的组织领导，英国国防部设立了国防工业委员会，由国防采购国务大臣领导，下设4个联合工作组，成员包括高级采办官员和著名企业，负责制定军民联合工作指导方针，处理英国国防部与工业界共同关心的事务等。多年来，该委员会组织开展了一系列军民合作活动，对促进英国军地协同创新发挥着重要的组织协调作用。

（2）发挥行业协会的桥梁纽带作用。英国从事军工科研生产的大、中、小企业有多家。为加强企业间的沟通合作，促进发展，各行业大企业牵头组织成立了相关行业协会。目前，英国国防工业行业协会主要包括环球航空航天、国防与空间工业协会，以及电子工程协会和海军装备协会等。各行业协会在促进行业内军工企业交流合作的同时，与国防部相关部门联系紧密，在军方和企业间建立了沟通渠道，对促进英国军地协同创新发挥着桥梁纽带作用。

为了推动国防工业的军地协同创新发展，英国制定了《面向21世纪的国防科技和创新战略》和国家"一个工业基础"的发展战略规划；在其军地协同创新发展体制中，决策机构和管理机构相互分离，采取自上而下的管理模式。为推动本国军地协同创新发展，英国制定了相关战略，出台了鼓励竞争的政策，同国防科研生产单位建立伙伴关系，出台了扶持军民两用技术开发和转让的政策。在推动军地协同创新发展时，英国努力推进军工企业的私有化改革，将民间资本引入国防领域的生产与科研中；多层次的国防技术转移机构使得民企对国防需求信息能够全面了解，市场的力量有效地推动了军民科技的相互转移。

三、俄罗斯军地协同创新管理体制

目前，俄罗斯的军地协同创新进程由总统集中控制的三个系列主导：一是总统—国防部—总装备部—各军种装备技术部—相关生产科研机构系列，掌握国防工业科研规划、费用管理、采办预算及采购等权力；二是总统—国家安全会议—联邦航天局和联邦工业局—相关生产科研机构系列；三是总统—国防部—对外军事技术合作委员会—俄罗斯国防出口公司。

苏联在冷战时期，与美国进行军事竞争，集中国家财政、人才、技术、资源等优先发展国防工业，建立了独立于民用经济部门之外的相对完整的国防工业体系，这在一定程度上加快了国防工业的发展，但长期的军民体系独立，造成军事科研生产能力在世界处于领先地位，而封闭的国防工业，不能将先进的军用技术有效地转为民用，国防经济对国民经济的辐射带动作用几乎没有。

俄罗斯努力开展军地协同创新工作，从图3.1可以看到，在国家层面，建立了比较完善的宏观管理体制，1996年成立了国防科技工业委员会，主要负责审查和监督军事技术政策的执行、军品和民品两用产品的进出口、武器装备的研制、国防工业人才队伍建设等。俄罗斯积极建立政府与国防企业的沟通协调机构。2006年成立了国防工业委员会，主要负责制定和实施国防技术保障领域的纲要和规划、发展国防工业领域的科学技术、监察军品及军民两用产品的贸易问题等。

在部门层面，建立跨部门的协调机制，联邦安全委员会是俄罗斯最高军地协同创新协调机构，跨系统主要以俄罗斯副总理兼国防部部长牵头的国防工业委员会,成员包括总参谋长、工业与能源部部长,以及工业署署长、原子能署署长、航天署署长、经济发展部部长、财政部部长、政府国防工业与高科技司司长,还按"陆、海、空"系统吸收了三名军工企业总经理分别代表航空制造业、造船业和陆军武器制造行业,跨部门及副总理主持,很好地保障了委员会在协调国防建设方面的能力。俄罗斯工业与贸易部在高新技术创新及技术转换上发挥跨部门的协调作用。

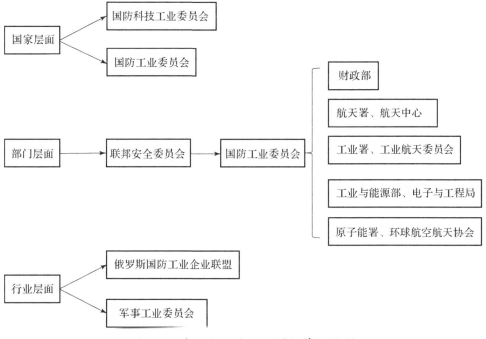

图 3.1 俄罗斯军地协同创新管理体制

在行业层面,组建了民间性质的"俄罗斯国防工业企业联盟"等,该联盟在议会中占有席位,代表国防工业相关企业的利益,它是国防工业企业同政府、议会和军方联系的重要纽带,也是有关国防工业的重要咨询和协调机构。通过这些机构的协调对话,加强政府、军方和军工企业的沟通与协调,使国防工业的发展始终与国家安全利益相协调。成立了直属政府的军事工业委员会,负责组织和协调与国防工业建设相关的活动,起草相关的纲要和计划,并负责计划实施、执行情况监督。

四、日本军地协同创新管理体制

日本在国家、防卫省和工业界等层面建立起军民之间的跨部门协调机制，为装备建设军地协同创新提供制度保障。

在国家层面，主要机构是国家安全保障委员会和综合科学技术委员会。其中，国家安全保障委员会是日本外交安全最高决策机构，统筹军地协同创新发展。委员会在《国家安全战略》中明确"须促进包括军民两用技术在内的技术革新"。综合科学技术委员会是日本军民两用科技发展领域的最高管理和协调机构，提出了构建"国民安全、安心生活"的科技发展战略。

在部门层面，防卫省是日本装备建设的主导机构，虽不具备管理民间企业军工生产的政府职能，但可以合同方式实施装备科研与采购计划，促进装备建设军地协同创新发展。其中：技术研究本部目标在于充分利用军队和民间科研力量，开展装备科研工作；装备设施本部以合同方式利用民间企业承担装备生产任务；装备审议会是防卫大臣的决策咨询机构，装备审议会下设1个综合小组委员会和15个专业小组委员会，其中12个小组涉及国防工业事宜，在装备建设军地协同创新工作中起决策支持作用。

在行业层面，日本拥有众多民间工业行业协会，如日本经济团体联合会、防卫装备工业会、航空宇宙工业会、造船工业会等。这些行业协会在防卫省和民间企业之间发挥连接作用，不仅为军方决策提供技术咨询，还对装备科研生产的民间企业参与进行指导。

五、以色列军地协同创新管理体制

以色列对国防建设的管理分为以下三个层面：

（1）最高层面是国防委员会即最高决策机构，由总统、总理、国防部部长、外交部部长、内政部部长、财政部部长、运输部部长和通信部部长以及总参谋长组成，主要负责制定重大的国防政策、国防工业发展规划、军民两用技术发展规划、重大武器装备发展规划和装备动员、推进两用技术的产业化，以及协调政府相关部门共同处理出现的问题[40]。

（2）其次在国防部层面，主要是研究发展局与采购和生产局对业务进行管理。其中，研究发展局提出的计划和项目由国防部组织私营研发机构和公司通过招标或承包的方式承接进行。同时研究发展局还下设首席科学家办公室，对研发基金、磁石计划、孵化器计划、"趋势"项目、国际交流合作进行管理。采购和生产局则负责管理武器与设备的采购和生产。此外，国防部还下设财政局、对外军援与军品出口局、国防出口管理局、人事局以及项目管理局开展相关工作。除国防部外，以色列还有由总理直接领导的原子能委员会和隶属科学文化与体育部的航天局[40]。

（3）最后为国防工业企业，主要包括国防部下级的以色列飞机工业公司、以色列军事工业公司和拉斐尔先进防御系统公司，这3家公司主要负责国防技术的具体开发、测试以及实施生产[40]。

3.1.2 军地协同创新行政机构管理权限及主要职能

一、美国军地协同创新行政机构管理权限及主要职责

在国家层面，联邦政府下设机构负责制定军地协同创新发展战略，颁布法律法规，制定预算和科技政策指南提交国会审议等，是军地协同科技创新的统筹者和规划者。国会也发挥着举足轻重的作用，具体包括审批军地协同创新发展预算，通过立法确定技术转移、知识产权、税收、监管等基本政策框架，其下设机构负责军地协同创新发展过程中具体政策的立法和监督、经费开支检查与监督。美国军地协同科技创新管理体制建立在三权分立的基础上，各机构之间相互制约、相互配合，形成了一个科学、高效的管理体制。

在部门层面，美国的部门决策机构层面设有相关军地协同创新机构，如美国1993年设立的跨部门的国防技术转轨委员会，成员有陆海空军、商务部、能源部、NASA及国家科学基金会等单位。国防部设立的技术转移办公室作为军民用技术转移牵头管理部门，负责与能源部、商务部等政府部门和协会的协调。此外，美国主要通过国防技

术与工业基础委员会、国防生产法委员会、核武器委员会和航空航天委员会等机构促进部级协调。为加强国防部同 NASA、能源部等部门的关系，成立航空航天协调委员会和核武器委员会等部级委员会，分别负责协调国防部与 NASA 和能源部之间的关系。

在行业层面，当前存在的行业协会等组织，主要是为了引导企业参与装备建设，推进技术、产品和成果在军民领域的共享和转移，在军民两大体系之间发挥带动与沟通作用。例如：大学技术管理协会负责大学与国防工业界的技术转移工作；国防工业协会既是企业参与装备建设的首席顾问，又是政府决策的智囊。

二、英国军地协同创新行政机构管理权限及职责

英国国防部负责武器装备的科研与生产，其下设国防工业委员会，负责国防工业发展战略、计划规划和方针政策等重大决策，协调国防工业科研与生产中的军政问题和军民问题，并向议会和首相提出国防工业改革与发展建议。贸易与工业部直接管理航天中心、电子与工程局、工业航天委员会、车辆与矿务局和舰船建造局等国家经济部门，在这一层面上鲜明体现了国防工业军地协同创新的管理和服务模式。

三、俄罗斯军地协同创新行政机构管理权限及职责

国防大学金一南教授将俄罗斯军地协同创新进程归纳为以总统为核心的3个系列，其中总统到国防部的系列主要负责国防工业科研规划、费用管理、采办预算及采购等方面的工作。而在部级层面，主要是发挥俄军事工业委员会组织协调国防工业政府主管机构和国防部装备采办管理机构的职能，同时负责军民相关的重大事项的协调和仲裁。此外，还有民间性质的俄罗斯国防企业联盟，拥有议会席位，代表军工企业同政府部门及军方保持接触，同时也是有关国防工业问题的重要咨询和协调机构。

四、日本军地协同创新行政机构管理权限及职责

日本军地协同创新管理体制的特点是高度集中，同时强调国防、军政部门之间跨部门的协同合作。日本国防会议（主席通常为总理），负责审批涉及军民结合的发展战略；防务省具体负责武器装备发展和采购计划的监督执行。日本"防卫生产委员会""防卫装备工业会"等组织团体是日本推进军地协同创新的重要力量，他们的技术力量和优势是发展武器工业的重要支撑。内阁会议通常将民间团体、政府机构及军方提交的咨询建议汇总，多方协商，最终提交国防会议审批通过。

上述典型国家的部级行政机构及管理权限见表 3.1。

表 3.1 典型国家的部级行政机构及管理权限

国家	行政机构	管理权限
美国	国防技术转轨委员会	专门负责指导和协调各部门推进军民一体化
	科技政策办公室（OSTP）	隶属总统执行办公室，主要负责制定和实施科学与技术政策，并与私营部门、州和地方政府、科研院校等进行合作
	国家科学技术委员会（NSTC）	属于政府内阁组织，委员会主席由总统担任，成员包括总统、副总统、科技与技术政策办公室主任、内阁部长以及相关机构成员等，主要职能是根据国家利益和发展目标，统筹考虑军、民两方面的科技发展需求，协调制定联邦政府科技政策指南，然后报请国会审议。对于军方、民用部门或者跨部门联合的科技计划，国家科技委员会要进行权衡协调，协助制定出军民统筹的联邦政府科技计划
	技术转移办公室	隶属国防部，是军民用技术转移牵头管理部门，负责与能源部、商务部等政府部门和协会的协调
	总统科学技术咨询委员（PCAST）	成员除科学技术政策办公室主任外，主要来自产业界、教育界、研究院所和其他非政府组织，由总统任命，从民间、私营及非政府角度，就科学、技术、创新等领域提供政策建议
英国	国防技术转化局（DDA）	英国国防部成立了国防技术转化局，致力于民用技术为国防科技服务的工作，同时将两用技术的开发作为一项战略规划进行推广，加大两用技术的开发力度

续表

国家	行政机构	管理权限
德国	装备、信息技术与使用保障部	原联邦国防技术与采办总署、联邦国防军信息管理与信息技术总署合并重组,隶属国防部,其主要职责是加强与主管民用科研的联邦研究与技术部的合作与协调,促进工业界参与军民两用技术的开发。确定从事国防科研工作的民间科研院所有关军工的总体任务,并协调各院所的工作、提供基本资助、监督经费的合理使用及组织对研究成果进行检查和鉴定
俄罗斯	俄军事工业委员会	其主要发挥组织协调国防工业政府主管机构和国防部装备采办管理机构的职能,同时,负责军民相关重大决策的协调和仲裁

从典型国家军地协同创新发展历程看,军地协同创新不属于社会自发行为和市场经济的自然产物,而是国家行为和国家意志的反映,需要国家政策进行引导,顶层决策机构负责统筹协调。美国、欧盟国家、俄罗斯、日本、以色列、印度等典型国家均根据自身的历史条件和发展实际,以总统、首相或总理为核心,依托总统办公室或内阁府设置了以国家为主导的顶层军地协同创新行政机构(详见表3.2),增强军地协同创新发展的广度和深度。

表3.2 典型国家军地协同创新顶层决策机构名称及隶属关系

国家		军地协同创新顶层决策机构名称	隶属关系
美国		国家安全委员会、科学与科技政策办公室	总统办公室
欧盟国家	英国	国防与海外政策内阁委员会	英国首相
	法国	国防委员会	总统
	德国	联邦安全委员会	议会、联邦总理及内阁委员会
俄罗斯		联邦安全委员会、总统科学技术政策委员会	总统
日本		国家安全保障委员会、综合科学技术委员会	内阁府

续表

国家	军地协同创新顶层决策机构名称	隶属关系
以色列	国防委员会	总理
印度	国防计划委员会、国防部	总统和内阁政务委员会

典型国家顶层军地协同创新行政机构的设置是在尊重市场规律的同时，充分发挥政府宏观调控作用，通常由本国最高军事或外交安全决策机构与顶层军地协同创新协调机构统筹规划经济与国防协调发展问题。尽管各国最高军地协同创新协调机构的具体职责不尽相同，但其目标都是在大国战略竞争加剧、世界经济转型发展及新技术革命蓬勃兴起的新形势下，适应世界范围内新一轮军民一体化的浪潮，统筹推进军地协同创新深度发展，以保持军事优势和国际竞争力优势。各典型国家军地协同创新顶层行政机构的主要职责如表3.3所列。

表3.3 典型国家军地协同创新顶层行政机构的主要职责

国家		军地协同创新顶层行政机构的主要职责
美国		"国家安全委员会"（总统、副总统、国务卿、国防部部长、财政部部长、中央情报局局长、参谋长联席会议主席等），负责向总统提供与国家安全相关的内政、外交和军事方面的建议，统筹规划国防经济以及有关国家安全所需的预算及资源，从而使军事部门和其他政府部门更有效地合作
欧盟国家	英国	"国防与海外政策内阁委员"下属的"生产委员会"是国防科研、军工生产与装备采购的最高决策机构，主要职责包括制订重大方针政策以及审批重大发展计划。此外，"生产委员会"还对国防部颁布的战略文件进行指导，在推动军地协同创新方面发挥着重要的决策指导作用
	法国	"国防委员会"是总统领导下的军事决策机构（总统任主席，成员由政府总理和国防、内政、外交、经济与财政、工业与科研部长等组成）。下设国防秘书厅和国防部。国防秘书厅协助总理在国防问题上协调政府部门的工作，并就重大国防问题和国际上重大战略动态向总统及其领导下的国防决策机构提供咨询。国防部是武装力量的最高领导机关，国防部部长在总理领导下负责贯彻既定的国防政策，诸如军队编制、训练、武器装备、行政管理和征兵等工作。国防委员会的主要任务是负责国防的总领导，决定建军方针和统一安排全国的人力与物力

续表

国家	军地协同创新顶层行政机构的主要职责
俄罗斯	"联邦安全委员会"由总统任主席,成员包括总理、联邦安全局局长、外交部部长、内务部部长、国防部部长、总参谋长、紧急情况部长等。现在,俄罗斯国安会更多的是一个多方力量的协调机构,负责审议重要的国家和社会安全事项,制定统一的国家安全政策。"总统科学技术政策委员会"向总统通报国内外科技发展情况,提出有关俄罗斯科技政策和优先发展领域的战略性建议,向总统通报国内外科技发展情况,提出有关俄罗斯科技政策和优先发展领域的战略性建议,俄罗斯总统根据委员会的建议确定科技发展方向和任务
日本	"国家安全保障委员会"是日本外交安全最高决策机构,在国家军地协同创新发展上发挥统筹作用,委员会在《国家安全战略》中明确提出"须促进包括军民两用技术在内的技术革新"。"综合科学技术委员会"隶属内阁府,是政府有关军民两用科技发展的最高管理和协调机构,提出从国家安全战略出发,制定尖端技术发展规划,提升军民两用技术水平,提升国防科技能力
以色列	"国防委员会"主要负责制定国防重大方针政策、国防工业发展规划、重大武器装备发展计划、军民两用技术发展计划和装备动员等事务;监督和管理军民两用技术的开发、应用和转移;协调政府各相关部门工作
印度	"国家发展委员会"主要负责协调经济发展规划和国防建设。同时国防部还成立了计划室,对协调过程的有关问题进行处理

3.1.3 军地协同创新监管模式

一、美国军地协同创新监管模式

美国政府虽然向来主导以市场为主,但由于其在国防工业上属于需求方,也充当着管理者的角色。例如:通过武器装备采办管理和项目审计等,微观上管理军地协同创新生产活动;通过战略规划、采办章程的制定和施行,从宏观上影响军地协同创新发展方向;通过工业能力评估,监管各军工行业、具体武器装备和基础技术相关领域的科研生产能力健康状况和市场竞争态势等。而且,随着近年来军地协同创新的持续发展，政府的介入管理、调控呈增多趋势。

军地协同政策的监督和落实主要通过各种军地协同创新的科技计划以及负责和管理这些计划的人员和机构进行，其中包括国防部负责科学和技术的副部长帮办、国防部技术转移办公室等，这些人员和机构主要负责管理和监督军地协同创新科技计划，真正将军地协同创新落到实处。

美国相继出台了一系列法规、政策和配套措施，监督管理军民高新技术两用产业的发展。美国在《国防转轨战略》中提出"建立既满足军事需求，又满足商业需求的国家技术与工业基础"的军地协同创新政策。国会年度《国防授权法》和制定的《联邦采办改革法》等重要法案中，明确规定必须鼓励采办民用企业的技术和产品，并要求逐步建立一个"无缝"的国家科技工业基础。美国国防部还依据国会通过的法案先后出台了《采办改革：变革的命令》《两用技术：一种为获得经济上能承受得起的前沿技术的国防战略》等一系列采办政策和文件。国会则通过《联邦采办精简化法案》，使美国国防部和其他政府机构能更便捷、更自由地购买商业技术、产品和服务。20世纪初，美国制定的《国防工业基础转型路线图》，进一步提出构建"基于能力的国防工业基础"的战略思想。在新修订的《国防生产法》中，进一步将资助政策的重点转向两用型军事和经济计划。《2019财年国防授权法案》提出要成立由美国国防部相关人员、各军种人员、DARPA等组成的人工智能和机器学习政策与监督委员会。同时，聚焦人工智能、无人武器系统等高端作战技术领域，安排46亿美元，支持联合人工智能运营和"高级图像识别"等项目运行[41]。

二、英国军地协同创新监管模式

英国通过改进军地协同创新监管的政策工具和流程，提升损失吸收能力，强化和完善了审慎监管能力。同时大刀阔斧改革监管框架，建立了宏观监管调控框架，成立军地协同创新协调机构，统筹监管，负责协调和监督项目实施进程。设立国防与海外政策内阁委员会。一是解决国会协调不畅和监管漏洞；二是强化宏观审慎监管，并与微观审慎结合，更好地为军地协同创新实施提供坚实的保障；三是建立起监管追责的机制，提升监管能力。英国军地协同创新监管体制改革促进了军工体系稳健发展，特别是军工制造业的发展，为经济的平稳恢复提供了重要支撑。

三、俄罗斯军地协同创新监管模式

俄罗斯政府设立的政府直属军事工业委员会，在军地协同创新过程中，除了负责协调，还需负责执行情况的监督。俄罗斯政府制定了专项规划，其中要求对军工企业实行优化改组，选出生产军品和军用技术的基本骨干企业，使军工企业数量缩减2/3。俄罗斯继承了苏联时期建立起来的庞大国防工业基础，先后颁布和实施了一系列法律法规，以落实管理国防工业军地协同创新发展。1998年俄罗斯国家杜马通过《俄罗斯国防工业军转民法》，将"全面军转民"政策调整为"以武器出口促进军转民"规定"军转民"的资金由联邦和地方预算提供，也可由国家担保来吸引贷款和国际金融机构的资金以及其他预算外资金。1999年初，俄罗斯总统签署指令，对军工产品和军民两用技术的出口实行严格监管。

四、日本军地协同创新监管模式

在装备科研生产领域，日本实行经济产业省行业许可证和防卫省资格审查制度，以限制从事核心领域的装备科研生产单位范围，也便于集中扶持和提升日本核心军工能力。

（1）经济产业省颁发行业许可证。经济产业省承担着行业管理职责，依据《装备制造法》和《飞机制造法》规定，负责对某些特定行业领域的承包商进行资格审查认证并颁发行业许可证。日本防卫省或其他政府部门要签订飞机等领域的合同，必须从具有行业许可证的企业中选择。

（2）日本防卫省进行军工科研生产资格审查和制造设备认证。日本防卫省装备设施本部依据《防卫省管辖合同事务办理细则》，在行业许可证的基础上，采取两种方式对要参与装备合同的承包商进行军品科研生产资格审查。第一种是定期审查，即在一定期限内，采用网站（统一资格审查申请、采办信息检索网站）、邮递、面对面申请三种方式开展资格审查；第二种是随时审查，未能进行定期审查的企业可在当年至 3 年后，随时申请并接受审查。所有承包商资格审查结果在总务省进行汇总。

资格审查通过后，装备设施本部依据《有关认定装备品和制造设备等的训令》对申请企业的某些装备品和制造设备进行合格鉴定检查，确认其制造设备具备可多次稳定生产高质量装备的能力。日本防卫省装备设施本部每年都会公布资格要求，受理企业提交的申请，并成立认定审查会，实施合格鉴定。对已获合格鉴定的企业，日本防卫省装备设施本部今后还要根据企业的变化情况，再次开展合格确认、质量改进劝告、认定取消等工作。

3.2 军地协同创新科研管理体制

3.2.1 军地协同创新科研管理体制的基本情况

一、美国军地协同创新科研管理体制的基本情况

（一）对政府科研机构的直接管理和委托管理

美国国防部、美国能源部和美国航空航天局各自拥有政府科研机构，服务于国家战略需求，是美国国防基础科技的核心力量。美国国防部有 67 个联邦实验室，美国航空航天局有 10 家研究中心，美国能源部有 17 家国防相关联邦实验室和研究中心，总计约 13 万人。美国政府不仅为这些实验室提供基本运营经费，每年还提供装备采购与使用维护科目费用，用于支撑装备研制与使用等技术与工程研发活动。

国防实验室具有独立法人地位，管理模式分为两类：一类是政府拥有、政府运行，实验室人员属于政府雇员，美国国防部、美国航空航天局的科研机构大都属于此类；另一类是美国能源部类型的委托管理模式，即科研机构政府拥有，委托大学、企业和非营利机构实施日常管理，但由政府进行直接指导和控制。这两种模式均由政府掌握机

构的人事权、财政权，产权归政府所有，决定其工作内容，并构建完整的科研规划体系为其提供导向。

美国政府将基础性科技作为相对独立的一类科研活动，构筑了一个以国防基础性科技命名的，覆盖国防基础科技活动各个领域、各个阶段、层次多、包容庞大的军地协同创新科研计划体系，以政府直属的基础科研机构为核心力量，统筹指导军地协同创新科技的长期、稳定、有序发展。

（二）对非营利科研的经费和合同支持

美国政府所直接管理和介入的这些基础性、前瞻性科研领域多为高风险、高投入、盈利能力小的领域。对于一些有利润可图的科研领域，政府主张将其交予企业或大学，主要通过科研计划和合同进行管理，并注重经费支持。

对国有民营机构，严格把控其工作内容，确保国防科研的本色。对于联邦资助的研发机构主要是美国联邦政府资助的研发机构，政府出台专门的管理制度，如美国国防部出台的《FFRDC管理计划》。出资部门为托管单位提供足够的资源，在经济上满足其运营的实际和未来需求；托管单位负责制定监督和管理其工作的严密程序，确保满足出资方要求；这些机构只能根据合同从事与其定位、目标和能力相吻合的工作；政府和出资方对机构工作绩效进行评审。

对其他科研机构主要通过合同管理其科研，并注重经费支持。合同管理实质上就是利用市场手段进行管理，在项目招标、谈判和合同签订过程中都要求引入竞争机制。大学科研经费主要是联邦政府采用合同方式进行管理。除了研究，还可支持大学改进研究设施，加强军事科技人才培育。对企业科研机构，除了通过研究合同或采购合同进行管理，对其"独立研发"也提供一定补偿。

美国的国防科研机构管理是一种由总统集中决策，国会立法和监督，美国国防部、美国能源部和美国航空航天局分别在其管辖范围内对所属国防科研机构实施管理的体制。

美国联邦政府在科学技术领域里的最高决策权归总统，政府内阁中设有国家科学技术委员会，委员会主席由总统担任，目标是协调国家科学技术的发展，制定国家科技发展战略，加强国家对科技工作的领导。在总统办公室内设有总统科技顾问委员会和科技政策办公室，为总统处理有关科技事务提供咨询。此外，还有许多非官方的机构在制定和执行科学技术政策的过程中起着重要的咨询作用，其中包括国家工程科学院、国家医学科学院、美国科学促进会、各种科学促进会、美国大学促进会等。

在联邦宪法确立的三权分立制度中，美国国会是美国的最高立法机构，居于名义上的核心地位。美国国会对预算使用和武器装备项目研制情况评估，以调整预算或项目，这使美国国会在国防工业的发展上具有较为重要的监控作用。同时，美国国会在国家科技发展中也具有相当重要的作用。政府的科技立法草案、重要科技机构的设置、重要科技官员的任命以及科技预算等都需要通过国会参议、众议两院的审议和批准。目前，众议院设有科学、空间和技术委员会，参议院设有商业、科学与运输委员会。

美国国防科研生产的产业链基本以市场为导向、以能力供给为纽带，呈现开放和社会化的状态。作为国防科研生产主力军的民营企业完全是自由竞争的市场经济主体。这些企业大多是既有军品业务又有民品业务的多元化公司，其技术和资源具有通用性，在利润的驱动下进行国防科研生产活动。同时，研究型大学和非营利性研究机构也是美国武器装备科研生产中不可或缺的重要角色。在美国，研究型大学广泛参与军事科研，其管理模式主要采用国防项目合同制和国家实验室管理体制。另外，高校和非营利性研究机构通过与民营企业开展密切合作，融入军事项目的产业链中，从而得到更多的发展机会。

二、欧盟国家军地协同创新科研管理体制的基本情况

（一）英国

英国的军地协同创新科研管理机构是在首相和内阁直接领导下，由国防部牵头、贸工部协助，以国防部为主导、民间科研机构为基础的集中统一的管理体制。其中，国防部下设的国防技术转化局和国防采办局负责军地协同创新业务。国防技术转化局负责民用技术向国防

技术的转化工作。贸工部是英国负责工业和商业事务的主要政府部门，下设英国航天中心、原子能管理局、电子与工程局和舰船制造局，侧重于促进国防科研活动对国民经济发展的带动作用。

（二）法国

法国国防科研机构按照从属关系、管理方式划分，主要分为国家公共机构、国防部下属国防科研机构、工业企业国防科研机构和高等院校国防科研机构四类。

1. 国家公共机构

法国的国家公共机构是独立于政府部门和企业的一种机构，具有财政自主权，享受国家财政补贴或其他辅助，但均受不同的政府部门监管（从事国防科研的国家公共机构大部分受法国国防部监管）。国家公共机构领导的任免、机构的设置和任务等重大事项都要得到政府的批准。按照从事研究领域的不同，法国国家公共机构主要分为科学与技术性公共机构（EPST）和工业和商业性公共机构（EPIC）两种，其人员性质、管理方式不尽相同。

（1）科学与技术性公共机构（EPST）。科学与技术性公共机构属于行政性的公共机构，机构在公法下运营，其主要人员是国家公务员，主要经费来自政府拨款。此类公共机构是发展军民一体化建设技术的重要力量，主要机构如下：

①国家科学研究中心（CNRS）。该中心是法国从事基础研究的公共科研机构，由政府负责科研管理的部门（国民教育、高等教育和研究部）监护，责任是产生知识并使所产生的知识服务于社会。该中心有26000人，其中研究人员有11600人，工程师、技术员和行政管理人员合计14400人，研究和服务单位有1260个，2004年预算为22.14亿欧元。

②国家信息与自动化研究所（INRIA）。该研究所由负责研究和工业方面的政府部门监护，其使命是从事信息和通信科学与技术领域的基础和应用研究，同时通过研究培训、科学与技术信息传播、增值、鉴定和参加国际项目等活动保证有关技术的转移。它通过与工业界的合作，在法国信息和通信科学与技术发展方面扮演着重要角色。该研

究所工作人员有3500人，其中从事科研活动的有2700人。

（2）工业和商业性公共机构（EPIC）。工业和商业性公共机构是具有工业和商业性质的国家公共机构，机构在私法下运营，其主要人员是合同雇员。从事国防科研活动的工业和商业性公共机构主要有以下机构：

①法国原子能委员会（CEA）。法国原子能委员会成立于1945年，是立足于原子科学为主导的能源、工业、科研、卫生和国防方面的公共研究机构，负责统一管理法国军民用核工业的研发，制定重大方针政策、审查发展计划和批准预算。该委员会内设科学委员会、顾问委员会等咨询机构，国防部与原子能委员会设立了军队原子能委员会联合委员会，协调与核武器相关的工作。

在军事核领域方面，法国原子能委员会在政府的直接领导和国防部武器装备总署的统一规划下，负责组织和实施核武器的研究、设计、制造和维护，直接领导和管理其下属的多个军用核研究机构和核设施，这些机构为政府所有，承担核武器模拟及核试验计划的实施，核弹头、舰船核反应堆的研究、设计和制造，核试验场地去污，监督各种条约的实施等任务。

在民用核领域方面，法国原子能委员会与相关机构、企业和大学共同从事与核能可持续发展相关的核技术研究和开发工作。法国从事核能等民用核产品生产的企业均为股份公司，法国原子能委员会不直接干涉企业的运行。

该委员会拥有9个核研究中心，主要开展燃料循环、核反应堆、受控核聚变、离子辐射对生命科学及环境科学方面的应用、新技术－信息技术、新材料、新能源的基础与应用研究，有雇员16000多人，其中约50%的人员是干部、工程师和科研人员。法国原子能委员会的70%的基础科学研究工作主要在萨克雷（SACLAY）中心，该中心约有6500科研人员从事基础研究。

②国家航天研究中心（CNES）。国家航天研究中心即法国国家航天局，统一管理法国军事与民用航天活动，主要职责包括制定和执行法国空间政策，领导并实施国家军用和民用航天计划，在欧洲航天局

以及其他国际组织中代表法国利益并与国际伙伴特别是欧洲伙伴共同实施欧洲空间计划，管理使用国家航天经费，在重大航天计划（包括欧洲航天局计划）中承担主承包商职责，并代表国家授予企业航天合同，通过其下属的各个空间中心和发射基地开展重大航天研发、试验和发射活动。

③国家航空航天研究院（ONERA）。法国国家航空航天研究院是国家航空航天科学与技术研究机构，成立于1946年，兼有工业和商业性质，拥有财务自主权，由国防部武器装备总署监管，采取董事长负责制的管理方式。

该研究院的主要任务包括：开展并指导航空航天领域的科学研究；设计、制造并运转本院研究活动所必要的研究设施和制造商必要的试验手段；保证研究成果的传播，并促进这些成果为航空航天工业所用；促进航空航天科研成果在航空航天领域的应用；协助航空航天教育事业的发展。

2. 国防部下属国防科研机构

法国政府部门直接拥有和管理的与武器装备研制生产关系密切的国防科研机构主要集中在国防部。在国防部内，这些机构集中于武器装备总署下属的鉴定与试验中心局（DCE，现技术局），该局下设5个技术中心处，总计20个技术与试验中心。

3. 工业企业国防科研机构

国家政府参股或政府所有投资公司参股的大型军工企业等在法国武器装备科研任务中占据重要地位，政府通过大型军工企业股权和代表影响军工企业。在大型军工企业内，一般各自拥有很强的产品研究与开发力量。

4. 高等院校国防科研机构

法国有代表性的高等院校国防科研机构要数法国国防高等研究院（ISD），它创建于1936年（第二次世界大战后），是一个从事国防教育与研究的法国公共行政学院，主要任务是促进国防文化发展，受法国总理直接监管。其学员构成主要是军官、高级公务员、经济界人士及政治、媒体、工会人士等。教学与研究的重点是战略问题，其中包括世界战略和核战略等。它是法国高等军事院校之一，直属法国国防部，由总理府国防总秘书厅领导，其院长和副院长均为中将军衔。

综上所述，法国国防科研的核心力量主要是由工业和商业性公共机构（EPIC）、国防部直接经营和管理的机构、工业企业研究机构以及高等院校构成，各类机构参与的国防科研与试验活动各有侧重但又相互交错，普遍通过合同互相承包科研任务和开展协作。

（三）德国

德国的国家国防科研机构分为三大类：国防技术中心与研究所、政府资助协会管理的国防科研机构、非营利国防科研机构。

（1）国防技术中心与研究所。德国国防部国防技术与采办总署下辖的国防技术中心与研究所有11家，其中7家国防技术中心、3家研究所、1家军械厂。德国政府直接经营的科研机构比较少，这些国防科研机构主要从事国防基础研究和应用研究，科研人员比例比较高，能力较强，研究的项目多属于先进的高技术领域，成果比较显著，国防部对这类研究机构非常重视。

（2）政府资助协会管理的国防科研机构。德国政府资助协会管理的国防科研机构多数以法律上独立的注册协会的组织形式出现，如弗朗霍夫国防安全联盟、应用自然科学研究协会。这类科研机构是德国国防科研的骨干力量，从事基础研究和应用研究，并且按照要求承担保密任务。这类机构有利于技术交流和军民技术的相互转换，有利于各应用研究领域的衔接和注重产研结合。

（3）非营利国防科研机构。德国最典型的非营利国防科研机构是德国航空航天中心，该中心成立于1969年，有人员5100人，每年预算约12亿欧元，主要研究范围包括飞机、直升机、无人机、导弹、卫星探测和雷达技术。

三、俄罗斯军地协同创新科研管理体制的基本情况

俄罗斯军品科研能力体系主要由两个层次的科研机构组成，分别是俄罗斯国防部所属军事科研机构和俄罗斯政府和地方所属的科研机构，其中后者又包括四类科研机构：国家级科研机构、部门级科研机

构、各军工联合体所属科研机构和各类大专院校所属的科研机构。

（一）俄罗斯国防部所属军事科研机构

苏联国防部所属的军事科研机构和科技人才是俄罗斯武器装备研制开发中一支非常重要的科研力量，掌握着国家的军事核心技术，堪称一支世界一流的军事科研队伍。20世纪90年代苏联解体后，俄罗斯国防部接收了43所科研院所（包括军队院校的科研机构），列入军人编制的军事科研人员有2万多人。但是，由于冷战结束和军事需求的减少，俄罗斯国防部对所属的军事科研机构也进行相应的调整和精简。经过几次调整精简，到2003年时俄罗斯国防部仍保留30多所军事科研机构，拥有军人编制的军事科研人员1.4万名。截至目前，这些科研机构的情况仍基本如此，其职能和作用变化并不是很大。其中，承担军内科研任务最多、任务最主要的军事科研院所有：国防部第一中央科学研究院、国防部第二中央科学研究院、国防部第三中央科学研究院、国防部第四中央科学研究院、国防部第五中央科学研究院和国防部所属军事院校的科研机构。

（二）俄罗斯政府和地方所属的科研机构

目前，除国防部所属的军事科研机构外，俄罗斯联邦政府和地方政府、军工联合体也拥有一批大型科研机构，它们承担的许多前瞻性、基础性科研项目与重大技术专项和尖端技术的研究和开发，直接或间接地为俄罗斯军事技术科研服务。近年来，随着俄罗斯国家经济逐渐走出低谷，政府对科学技术研究的重视和投资力度逐年加大，俄罗斯政府和地方所属科研机构的任务和活力得到了相当程度的恢复。这些科研机构主要由四个层次的科研机构组成：国家级科研机构、部门级科研机构、各军工联合体所属的科研机构（这些科研机构大多是各企业集团自身的科研机构及部分大学科研机构，主要围绕产品型号设计和生产开展研究，经费主要来源于企业），以及各类大专院校所属的科研机构（这些科研机构主要进行基础性研究，并且以合同方式承接国防企业和研究院的科研课题和项目）。

俄罗斯军品科研能力管理体制可视为国防部（军方）和政府部分（地方政府）两个系列。

(一)国防部系列

国防部系列的管理体制由"总统—国防部—总装备部—各军种装备技术部—相关生产科研机构"组成。国防部主要掌握国防工业科研规划、费用管理、采办预算及采购等权力,并逐步实现对武器装备科研和生产的统一管理,推行在竞争基础上的合同订货体制。为规范装备的研制和生产质量,国防部明确规定:装备从意向性项目到论证、设计、生产、验收等程序都严格按照市场规律分阶段进行;将科研设计工作改为招标制,选择性能和费用最理想的产品设计方案,不准采购陈旧的系统;通过生产厂家与用户直接联系的办法来供应部分军用产品;规定只有各军种的订货主管部门才有权签订国防产品的合同;在采购工作中必须保证武器装备的标准化和通用性。

(二)政府部门系列

根据《俄联邦宪法》,除国防部外,俄罗斯总统和政府对军事科研和生产也具有相应的职能,俄罗斯总统在国防领域的主要职责之一就是,批准武装力量以及武器装备和国防综合体的发展构想与计划。俄罗斯政府在国防领域的重要职能之一,就是制定国家武器装备及国防工业综合体的发展规划。此外,俄罗斯联邦委员会所属"安全与国防问题委员会"和国家杜马所属的"国防委员会"也对国防科技发展战略以及军事装备和生产等问题提出决策性意见。目前,政府系列的军事科技工业管理体制运作机制为:在联邦政府内部成立了政府军事工业问题委员会,由总理任主席,该委员会主要负责制定军事科技工业发展的政策和提出建议;由国防部负责提出装备订货需求、管理武器贸易和监督核国防工业;由工业与能源部负责军事科技工业的宏观管理和协调;由经济发展与贸易部负责编制主要的国防订货和管理军工企业国有资产;由司法部负责保护军事科研机构的知识产权;由财政部负责国防订货的拨款。目前,俄罗斯政府内部对军品科研能力的管理体制基本顺畅,各机构分工明确,各负其责,为军品科研生产能力的改革建立了良好的基础。

四、日本军地协同创新科研管理体制的基本情况

长期以来,日本实行军民结合的装备科研体系和民企承担的装备

生产体系，但在装备生产中，大型企业垄断性很强，军工市场竞争力严重不足。近年来，日本建立了专门的科技研究体系促进本国技术创新，对本国的军用技术研究项目提供财政资金支持，同时也加大对军地协同企业研发的支持力度，通过发挥科技协同创新优势，促进军地协同技术的进步[34]。日本防卫省进一步完善竞争机制，鼓励中小企业参与装备合同竞争，增强国防工业创新新活力，在军品的研发和生产中，日本政府为许多民间中小型军品生产企业提供补贴，人为地保护军品市场生态。

（1）实行军民结合的装备科研体系。作为装备科研主管部门，防卫省技术研究本部一方面通过合同将部分装备科研任务下达给大学和民营企业等单位；另一方面下设舰艇装备、电子装备、航空装备、地面装备四个研究所和先进技术推进中心，承担部分装备研发任务。此外，日本防卫省技术研究本部还注重对民间企业的引导，其下属技术企划部出台了《军事技术中长期发展规划》等文件，公布自卫队重点关注发展的军事技术和武器装备，在促进装备研发军地协同创新上发挥了重要作用。在高新技术研发方面，日本防卫省技术研究本部特别重视利用民用技术，其下属的先进技术推进中心专设两名技术交流协调官，负责协调军方、学术界和工业企业的技术交流与合作，促进民用技术转向军民两用。

（2）实行民营企业承担的装备生产体系。日本鼓励和支持成立民间科研团队，通过政府主导构建了较好的柔性技术管理体制，推动了跨国技术研发和协同创新。日本装备生产全部由民间企业承担。三菱重工、川崎重工、三菱电机、东芝和石川岛播磨重工五家企业装备订货占日本防卫省订货总额的半数以上，单一来源采购比例较高，军工市场竞争力严重不足。大型企业与日本防卫省签订装备合同后，通过分包形式将部分装备研制生产任务转给中小企业。目前，日本防卫省护卫舰主要合同单位总计70家，这些单位将约80%的零部件生产交由中小企业完成，通过总包和分包形式参与研制护卫舰的企业达2500家。

（3）不断完善竞争环境，增加竞争性合同比例。近年来，日本防卫省不断扩大装备科研生产公开招标和有限招标合同的比例,在保障产品质量的前提下,促进企业间良性的竞争发展,形成良好的市场环境。

3.2.2 军地协同创新科研管理机构的主要类型及特点

一、美国军地协同创新科研管理机构的主要类型及特点

冷战结束后,美国政府为改变军地协同创新低效运行问题,对军地协同创新的科研管理体制和运行机制进行持续调整与改革。为实现军政部门之间的协同,形成跨部门的联合协同机制,美国国防部成立"技术转移办公室"(OTT),作为军民两用技术转移的牵头管理机构,负责与美国能源部、商务部等部门的协调。此后还设立了核武器委员会和航空航天技术委员会,分别作为美国国防部和能源部以及美国国防部和航空航天局之间的协调机构。同时政府还加大了国防采办制度改革力度,美国国防部对长期执行的 3.1 万个军用规范进行重大调整和改革,通过弱化军用标准来降低民用企业参与军工生产门槛。建立了以国家科研院所、高等院校、非营利研究机构等为主的创新主体,并利用巨资吸引它们依靠开放型、社会化的产业链及市场需求导向来共同开发军民两用技术。

二、欧洲军地协同创新科研管理机构的主要类型及特点

冷战后的欧洲,涌现了基于国际化广泛协作的军地协同创新体系。欧洲国家的军地协同创新体系具有以下特点:

(1)形成开放技术中心网络。随着航天欧洲化的发展,法国率先提议拟定欧洲共同航天政策,组建欧洲航天技术中心网,并逐步把所掌握的优势技能提供给共同体使用,各个国家技术中心将广泛对欧洲其他国家人员开放。每个国家都在保护自身利益,尤其是涉及优势项目、工业利益、科学利益以及在其国土上高技术就业人数等敏感问题时。因此欧洲国家需要在达成共识的基础上,组建具有特色专长、不排除一定程度的竞争的大型中心网。

（2）组建跨国运作的大型军地协同创新项目。欧洲航空防务与航天公司（EADS）成立，总部位于斯特拉斯堡。EADS的业务目标将按照经济及财政业绩原则确定，股东价值是集团主要的目标，并且每个业务部门应该实现相应的利润率。集团的管理机构分三个部分：总部中心职能部门，负责中心财务、管理协调、集团战略和政策；业务部，包括业务部门及相关资源和资产；国家实体部门，负责处理与各自政府的关系。股东权益将按三个原则支配：任何一方不能行使权力控制业务，建立保护措施防止权益受到侵害，分散式股东相对于集中式大股东处于平等地位。在EADS中法国和德国的平衡是该股东结构的核心。它们中的任何一方不能完全控制EADS，双方享有同等权益。

经过广泛整合的欧洲科技、工业资源既能够满足开发民用产品的需要，也能够满足开发军用产品的需要。面对日趋激烈的国际竞争和全球化带来的挑战，面对实力雄厚的欧美航天财团，整合的欧洲军事工业表现出了巨大的市场竞争能力。

三、英国军地协同创新科研管理机构的主要类型及特点

英国军地协同创新科研管理以私营企业为主体，国防工业科研机构主要包括政府科研机构、企业科研机构和高校科研机构。作为国防工业的科研核心力量，政府科研机构承担2/3的国防科研任务，其余的国防科研任务由企业和高校承担。科研以政府为主、生产经营以企业为主，这种科研与生产模式既能较好地体现国家的研究主旨和运用国家的研究力量，也能较好地适应市场需求和市场规律，使军民两种力量、国家安全与经济效益两个目标较好地结合起来。

四、俄罗斯军地协同创新科研管理机构的主要类型及特点

俄罗斯政府在军转民取得明显成效的基础上，逐步推行军地协同创新发展，在取得较为明显军事效益的同时，经济效益也得到了显著的提高。俄罗斯政府将涉及科研、设计、试验、生产、销售和融资等环节的单位和机构进行整合，形成包括研究院所、生产企业、金融集

团、贸易集团在内的军民联合型集团，使其在承担武器装备研制计划、生产科技含量高的军品任务的同时，也能在国内外市场上开展军民两用技术产品的竞争、加速国防科技成果产业化，最终实现军用产品与民用产品相互促进，形成双向互惠互利的局面。

五、日本军地协同创新科研管理机构的主要类型及特点

日本武器装备的大部分研制任务和全部生产任务，由日本防卫省以合同方式委托私营企业完成，私营企业掌握着日本80%的国防科研项目。这些大型私营企业实力雄厚、资金充足，往往通过自行投资开展必要的装备预先研究和试制工作，同时保持技术实力和技术储备，以争取军品的订货。

日本政府所属的国防研发机构较少，国防科研力量以私营企业的研发机构为主力，借助民间军工团体，连接国家管理机构和民营军工企业，真正做到寓军于民。日本政府所属的国防研发机构包括日本防卫省技术研究本部、海上技术安全研究所、日本宇宙航空研究开发机构和日本原子能研究开发机构等，机构虽少，但研发实力较强。

六、以色列军地协同创新科研管理机构的主要类型及特点

以色列的军地协同科研机构主要包括大型军工企业下属的研发机构、国有科研机构，以及大学和军事院校等学术机构。国防部直属的国有科研机构主要负责科技攻关和前沿尖端研究，高校主要开展基础科学研究（几乎承担了以色列自然科学技术领域30%的研究工作）。著名国防研发机构有拉法尔武器发展局、航空航天学会、韦兹姆研究院（研究核技术）、武器研究中心、海法技术大学等，其中，拉法尔武器发展局是以色列最大的军工管理机构和重要的生产综合体，也是该国最具实力的武器装备研制机构，著名的产品有以色列"大力士"遥控武器站，可适用于大多数轻型装甲和机动车辆装备[40]。除此之外，以色列还有一些军工企业从事军事研发工作，如以色列国有三大军工巨头：以色列飞机工业公司、以色列军事工业公司和拉斐尔先进防御系统公司[40]。

3.2.3 军地协同创新科研经费的主要渠道

一、美国军地协同创新科研经费的主要渠道

美国拥有世界上最为强大的军事力量,这种军事力量是建立在政府对国防科技工业强有力的支持之上的。对于美国国防科技工业而言,金融支持体系主要包括:

(1) 政府财政资金。美国国防工业的发展历史充分说明,国防工业是特殊公共产品,需要国家投入,尤其是对那些无法进入商业化运作的国防高科技领域,只能依靠雄厚的国防费投入带动一大批高技术的发展,这是美国推动国防工业发展的重要途径。2019财年,国防预算要求投入137亿美元用于科学和技术研发,进一步推进超声速技术、网空、太空、定向能、电子战、无人系统和人工智能等领域的创新和先进能力获取。2017财年至2019财年,美国国防部用于军事通信、电子、电信和情报领域(CET&I)的采购和研究预算分别为120.5亿美元、115.1亿美元和129.3亿美元。相较于2018财年的CET&I预算,2019财年增幅高达12.3%,增速远超3%以上的国防预算整体增速。

(2) 对中小高新企业的金融支持。美国政府设立了小企业管理局(SBA),主要任务就是帮助小企业创业者获得贷款。它很少提供直接贷款,而是为小企业向银行和私营贷方提供贷款担保,为此制定了许多贷款担保计划。小企业管理局还向小企业提供风险资金。在研究与开发方面,根据"小企业创新发展法",美国国会1982年建立了小企业创新研究计划,规定凡拨给本部门以外研究与开发费用1亿美元以上的部门,都必须按一定的比例向该计划拨出经费(比例逐年加大)。合格的小企业均可向该计划申请经费,将其创新思想变为现实。

(3) 发展风险投资基金。风险投资作为鼓励创业的驱动器和分散风险的缓冲垫,撬动资金和技术的支点,对美国科技进步和技术产业化起了机制化放大作用。风险投资机构也在一次次的募资、投资、管理、退出过程中,获得资金回报,积累了对市场、技术、管理的理解经验,让他们投得更准、给被投资企业"赋能"更多。由此形成的高

技术产业群不仅成为促进经济稳定快速增长的重要力量，而且奠定了推动国防现代化建设的高技术基础。

二、俄罗斯军地协同创新科研经费的主要渠道

在实现国防工业军地协同创新式发展的过程中，为了确保改革所需的资金供应，首先俄罗斯政府直接干预金融市场来引导资金流向军工企业，如在《俄罗斯国防工业军转民法》中规定，"军转民"的资金由联邦和地方预算提供，也可通过国家担保来吸引贷款和国际金融机构资金及其他预算外资金[34]；或者由国防部、财政部和中央银行共同确定的一批专业银行对国防科研机构进行拨款，充分利用融资租赁形式来提高军工企业战时转产能力；通过招投标的方式吸引民间投资进入军工生产领域等。其次，俄罗斯政府还组建了包括设计院、研究所、军工企业、金融机构、贸易公司等组织的金融工业集团。这类集团大多自负盈亏、自主经营，它们的创新能力和生产能力非常强，不仅可以完成军品生产任务，还能直接进行民用商品的生产研发。金融工业集团是极具俄罗斯特色的新型经济组织形式，巧妙地在集团内实现了金融资本与工业资本的有机结合，加强了银行与军工企业间的联系，降低了交易成本。此外，在财政预算中加大关于军民两用技术研发的投资力度，并出台政策优先发展、支持军地协同创新技术。而且为了解决国防工业面临的资金难题，俄罗斯政府积极拓展国际合作空间，通过寻求国际合作来使军民两用技术增值。

三、日本军地协同创新科研经费的主要渠道

日本政府相关部门负责武器装备宏观管理；军方主抓武器装备发展规划、需求论证和采购；民间企业具体负责武器装备试制和生产，民间行业协会协助管理并指导企业进行生产。由于日本没有专门从事武器装备生产的国有军工厂，其全部武器装备的生产均以合同方式承包给民营企业完成，军地协同创新科研经费由政府通过政策或引导为民营企业的武器装备研发创新进行融资。

（1）采取经济资助政策。主要包括财政补贴政策和税收优惠政策

等。财政补贴政策是政府直接对技术创新项目提供经费支持，补助对象是政府和大学的研究机构、企业重大技术创新项目。

（2）实行"倾斜金融"政策。主要通过设立不同种类的国有政策性金融机构，为军工产业结构调整、产业布局优化和中小企业发展提供资金支持。如通过日本开发银行和进出口银行，为军工企业提供融资；制定各种扶植国防工业的法案，由政府金融机构向军工企业研发活动提供长期、低利率的优惠融资，以引导和促进民间投资。

（3）开辟直接融资渠道。为拓宽中小企业的融资渠道，日本设立了专门的中小企业直接融资机构，如公私合营的中小企业投资建设公司和各种金融机构出资设立的民间风险投资公司，并允许和鼓励中小企业公开发行股票和债券。

3.3 军地协同创新生产管理体制

3.3.1 军地协调创新生产管理体制的基本情况

一、美国军地协同创新生产管理体制

美国三权分立的政治体制决定了对军地协同创新生产的管理来自立法、行政、司法三个不同方面。行政系统管理得最多，立法次之，司法最少。美国政府对军地协同创新生产实施宏观调控和间接管理，不设专门的工业管理部门，不实行统一领导和全面的行业规划，更不干涉企业的具体经营行为。

美国军地协同创新生产的宏观管理体系具有集中决策、分散实施的特点，主要是通过国会、总统、国防部和三军来决策和实施（图3.2）。

20世纪90年代中期到21世纪初的前20年，美国主要的武器装备供应能力已集聚到少数供应商手中，从以前的十家大型国防公司变成了如今的"五大公司"——洛克希德·马丁公司、波音公司、诺斯罗普·格鲁曼公司、雷神公司、通用动力公司，二、三级供应商的

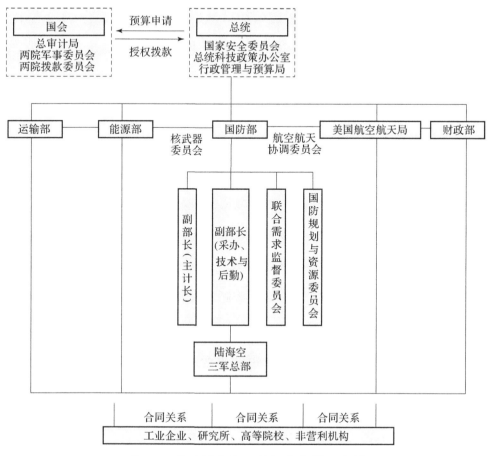

图 3.2 美国军地协同创新生产管理体制

数量也只保留了一两家。随着经济的发展,美国的国防工业基础发生了变化,大型国防公司通过纵向和横向集成,成为跨行业、跨地区的国防公司,构成了美国的国防工业基础。这些大型公司在企业并购的同时,也剥离了一些企业,对其业务进行了调整,以适应国防需求的变化。

美国国防工业结构的变化,连同政府影响军地协同创新生产采取的行动,减少了能在任何一种国防产品和服务领域竞争的公司数量,并且,幸存公司的规模和活动余地也随着政府与公司之间关系的变化而发生变化。其结果是国防部对作战飞机、装甲战斗车辆和海上战舰供应商的选择限制在 2 家或 3 家主承包商中。在许多领域,能开发和生产主要平台和武器系统的国防公司已减少到 3 家甚至更少。据统计，在 1990 年到 2000 年期间，飞机开发商就由 8 家减少到 3 家，水面战舰开发商由 8 家减少到 3 家，战术导弹制造商由 13 家减少到 3 家，履带式战斗车辆开发商由 3 家减少到 2 家。这些并购使政府为保持公司竞争力的做法日益艰难，尤其是对于一个采办系统来说，其承包商选择几乎是以单个项目满足需求为基础的，而不考虑维持一个有竞争性和创新性的工业基础。

这些国防公司在此次并购过程中，进行了一系列的纵向和横向集成。纵向集成，即兼并相关的配套中小企业，增强自己在该领域内的实力，巩固自己在该国防领域内的地位，例如：洛克希德·马丁公司通过收购通用电气航空公司和通用动力航天事业部，巩固了公司在航天航空领域内的地位；通用动力公司通过收购普利迈克斯技术公司，巩固了在作战系统领域内的地位。通过横向集成，即并购其他领域内的公司，使公司涉足了新的业务领域，拓展了公司的业务范围，有利于公司的进一步发展，例如：通用动力公司收购了湾流航空航天公司和银河航空航天公司，成功地跨入了航空航天领域；诺斯洛普·格鲁曼公司通过并购韦斯汀豪斯公司，成为机载雷达与电子战系统的主要供应商等。美国的大型国防公司通过并购配套企业、跨行业整合，模糊行业界限，扩展公司的业务范围，形成综合的国防公司。目前，重组的洛克希德·马丁公司、霍尼韦尔国际公司和通用动力公司的综合国防业务的年销售额已在 300 亿美元以上，而诺斯洛普·格鲁曼公司和雷神公司国防业务的年收入也超过了 200 亿美元。

此外，受全球化的影响，美国的大型国防公司在积极开展国内企业并购的同时，还积极开展国际并购及合作，以此来开拓国际市场，提高公司的竞争力，参与国际市场的竞争。例如，2007 年，美国通用动力公司完成对加拿大 SNC-兰万灵公司和澳大利亚媒体国际公司的收购，进一步扩展了在加拿大和澳大利亚的业务，同时，这两个公司也增强了通用动力公司在弹药和信息系统方面的实力；2014 年 3 月 19 日，洛克希德·马丁公司收购了总部位于德国的 BEONTRA 公司，这是一家为包括迪拜、伦敦和法兰克福在内的大型商业机场提供预测服务的公司；而美国的诺斯洛普·格鲁曼公司和雷神公司积极扩展在印度的业务，通过与印度政府、印度海军和空军以及工业界建立良好的工作关系，增强公司在印度拓展新业务领域的能力。

由于伊拉克战争和反恐战争的需要，美国国防部开支的年增长率达到了10%，美国的国防工业，特别是大型国防公司大大受益，但是，现在工业界越来越关注未来的不确定性，尽管一致的观点是美国国防开支在未来的两三年内将继续增长，但也有不少人认为国防开支下降的可能不久就会发生。国防开支的下降对防务工业营业额的影响有两三年的滞后期，因此，今后几年美国防务工业仍将继续增长，这样，就使美国的大型国防企业有一定的时间为可能的国防预算下降做准备。同时，大型国防公司在最近几年大规模并购集成，收购了很多的企业，业务范围也出现了扩张，这要求企业对其内部进行调整，以利于企业今后的发展。美国的大型国防企业一般通过重组业务、现代化设施、从核心防务市场扩张至新的邻近领域、改进工艺、扩大国际市场等方式来进行业务调整，以适应国防市场需求的变化。例如，洛克希德·马丁公司已将美国政府信息技术市场设为目标，雷神公司则紧盯世界范围的收费公路和边境安全项目。通过业务调整，大型国防公司的业务范围发生了变化。

表3.4显示，自"冷战"结束以来，美国国防工业的并购产生一批规模空前的公司，如美国航空航天制造商洛克希德·马丁公司、飞机制造商波音公司、雷达公司、海军船只制造商诺斯洛普·格鲁曼公司、综合性防务集团通用动力公司、大型国防合约商雷神公司等。通过分析国防公司的经济情况可以发现，美国7大国防系统公司的年收入均在200亿美元以上，年营业利润也都在19亿美元以上，由此可见这些大型国防系统公司的经济情况良好，能够实现持续稳定的发展。在这7家国防公司中，除波音公司之外，其他6家的国防系统的收入占其总收入的80%以上（由于在民用客机方面占据了大量的市场份额），这表明，国防系统方面的业务仍然是这些公司的主要业务范围，民用产品所占的比例比较少（波音公司除外）。

表 3.4 美国大型国防公司 2013 年的基本情况

公司	收入/百万美元	利润/百万美元	资产/百万美元	人员/人
波音公司	86623	4585	92663	168400
联合技术公司	62935	5721	90594	212400
洛克希德·马丁公司	45358	2981	36188	115000
霍尼韦尔国际公司	37665	2926	41853	131000
通用动力公司	31218	2357	35448	96000
诺斯洛普·格鲁曼公司	24661	1952	26381	65300
雷神公司	23706	1996	25967	63000

注：数据来源于各公司年报。

二、俄罗斯军地协同创新生产管理体制

俄罗斯国防科技工业的最高决策层包括总统、俄罗斯联邦安全会议和联邦议会。具体承担军地协同创新生产的管理部门主要为国防部下属的联邦军事技术合作部、武器力量装备部和联邦国防订货局。

军地协同创新生产的规划和费用管理权以及军工产品的出口权逐步向国防部集中；国防科技工业管理体制由多个国防科技工业部门的设置向国家综合部门融合，逐步形成了总统、政府、军贸公司组成的三级纵向管理体制。

俄罗斯的军地协同创新生产管理体制主要包括国防工业产业结构体系、企业组织体系、军品贸易体系、国防工业法律体系等。

（一）国防工业产业结构体系

从武器装备的部门结构上看，除了生产核武器、生物武器和化学武器等特种生产部门外，俄罗斯的国防工业产业结构体系可分为以下九大门类：

第一类是生产各种作战车辆的企业；

第二类是生产炮兵武器的企业；

第三类是生产步兵武器的企业；

第四类是生产火箭和导弹武器系统的企业；

第五类是生产指挥、控制、通信与情报（C^3I）系统的企业；

第六类是生产弹药和弹头的企业；

第七类是生产各种空战兵器，包括各型军用飞机和直升飞机的企业；

第八类是生产海战武器（包括航空母舰）的企业；

第九类是生产航空器材的企业。

表 3.5 展示了 2006 年俄罗斯完成国防工业整合之后，各武器装备领域存在的超大型企业的数量。

表 3.5 俄罗斯在 2006 年完成国防工业整合后各武器装备领域超大型企业的数量

武器装备领域	国防工业整合后超大型企业的数量
航空装备	5~7 个
导弹－航天装备	9~10 个
无线电设备和控制系统	7~9 个
通信和远程通信设备	2~3 个
电子设备	2 个
高精度武器系统	2~3 个
装甲装备和火炮	2~3 个
弹药和特种化学	6~8 个
造船	3~5 个
船舶设备	3~5 个

需要特别指出的是，俄罗斯军工综合体是研发武器的庞大机构。军工综合体机构包括：①军工科研机构，其任务是立项，从理论上论证某些项目是否可行；②开发机构，负责做出武器的实验模型；③实验室，负责出样品；④生产企业，负责生产批量武器。军工综合体集中了优秀的人才队伍、完善的设备和仪器。20 世纪 80 年代末期，俄罗斯有 1800 个军工企业，有 450 万人直接从事军工生产，如果包括

他们的家庭成员，则有1200万~1500万人从事与军工有关的工作，这是俄罗斯全体国民总数的1/10，有80万人在军工科研机构工作。俄罗斯军工企业处于保密状态，甚至在官方出版的地图上也没有地名标注。

（二）企业组织体系

经过十几年的改革，俄罗斯军地协同创新生产体系的所有制结构发生了重大变化，逐步形成了一个由多种所有制形式并存的混合型经济体系。有以下三大类别：

第一类，是以军品为主的国有制企业。这类企业由国家重点保护，是各个军工行业中的骨干企业。这类企业有700家左右，占总数的43%，其中273家企业禁止股份制化。

第二类，是军民品并重的国家参与的股份公司。这类公司在生产军品的同时，积极扩大民品生产，大多数公司的民品生产比例超过公司产值的一半以上。国家拨款只占20%~25%，其余的经费主要靠军品出口、生产民品及与国外合作研制新产品获得。这类公司目前有470家，占总数的29%，其中165家公司禁止出售国有股份。

第三类，是完全私有化的企业。这类企业一般是一些规模较小的、在军工生产中不是很重要的军工企业。其产权为私人所有，已完全私有化。目前这类企业有460家左右，占总数的28%。对这类企业，政府只根据合同进行拨款。

（三）军品贸易体系

俄罗斯军品贸易体系经历了从集中到放权，又逐步走向集中与放权相结合的改革调整过程。为统一管理对外军贸，提高俄罗斯与外国军事技术合作，特别是军品出口的效率，消除利益之争，2000年普京政府将对外军事技术合作的职能划归国防部承担，在管理体制上形成"俄联邦总统—俄联邦国防部—对外军事技术合作委员会—俄罗斯国防出口公司—企业"的纵向管理格局。并将俄罗斯国家武器和技术兵器进出口公司和俄罗斯工业出口公司合并，成立俄罗斯国防产品出口公司，集成80%以上的国防产品的出口额。在加强集中的同时，俄罗斯也注意集中与放权的结合，充分发挥一些小军贸公司和军工企业的作用。如米格（歼击机）、安泰（防空导弹系统）等占武器出口总额的15%。俄罗斯军品贸易体制的改革取得明显的成效。

俄罗斯世界武器贸易分析中心的数据显示，2013年，全球武器交易额达到冷战结束以来的最高水平，接近660亿美元，其中美国、俄罗斯、法国居首位。俄罗斯的常规武器出口总额达134亿美元，位居世界第二，占全球武器出口总额的20.29%，为2005年以来最高纪录。该中心预测，以现有订单和直接供应意向为基础，2013年至2016年俄罗斯的武器出口总额将达到470.7亿美元，同时与排名在其后的国家继续保持现有差距，维持第二大常规武器出口国地位。2009年至2013年，俄罗斯的武器出口到52个国家，其中最大的一项交易是2013年向印度交付的军用飞机。

（四）国防工业法律体系

俄罗斯在向市场经济转轨和国防工业私有化改革过程中，为保证国防工业的顺利发展，制定了多部涉及国防工业的法律、法规和法令，如《国防法》《武器法》《俄联邦国家军事订货法》等有关武装力量的法律。同时，还有专门为国防工业制定的法律、法规和法令，如《国防工业法》，便是规范和促进国防工业改革与发展的最重要的一部法律，它与1991年出台的《俄罗斯联邦共和国国防工业军转民法》、1993年颁布的"关于稳定国防工业企事业单位经济状况和保证国家国防订货的措施"第1850号总统令、1993年8月俄罗斯议会正式通过的《俄罗斯联邦航天活动法》、1994年颁布的《俄联邦关于配置国家所需商品及服务订货的竞争法》、2000年制定的《关于对配置国家所需商品及服务订货开展竞争进行监督的规定》、2001年出台的《关于编制并实行国家所需产品名录的规定》等形成了一套基本完整的国防工业法律体系。这一法律体系确保了俄罗斯的军品生产能力的改革和发展有法可依。

三、欧洲主要国家军地协同创新生产管理体制

（一）英国

英国军地协同创新生产管理是在首相和内阁直接领导下，由国防

部牵头，有关政府部门（贸工部、教育科学部、财政部等）从不同角度协助和参与，形成以国防部为主导、以民间企业为基础的集中统一的管理体制。

英国国防工业由航空航天、电子、兵器、舰船和核武器等行业组成。除核武器工业外，它们分别融合在航空航天工业、电子工业、机器制造业和造船工业，加上其他有关行业（能源、电机和仪表等），构成一个完整的军民一体化建设型国防工业产业结构体系。近年来，为贯彻落实国防工业战略，英国在造船工业、航空航天工业、地面武器工业等关键工业领域进行了调整改革，进行了专业化重组。

（二）法国

从总体上看，法国军地协同创新生产管理机制所实行的是集中统一的决策管理体制，由隶属国防部的武器装备总署全面负责军队的国防生产和武器装备采购工作，统一归口管理军地协同创新生产。

法国长期以来坚持独立自主的国防发展战略，到20世纪70年代中后期，形成了包括兵器、航空、导弹与航天、舰船、核、电子等部门，产品较全、行业配套的军品生产体系，具有独立研制和生产除反导弹系统外各种核武器和常规武器的能力，军队装备国产率达95%。法国军品生产走上了有计划、有重点、全面发展的阶段。冷战结束后，根据新的国防工业发展战略，法国已不再维持一个完全独立的、生产各种武器系统的军品生产体系，而是调整国防工业结构，缩小规模，保留军工核心能力。其指导思想是，从整个欧洲的生产规模着眼，不断使其国防生产合理化，同时把国家财力集中用于法国有竞争力的武器生产上。

法国生产武器装备的军工企业近5000家，分为国有国营企业、国有私营企业和私有私营企业三种。国有国营企业是国防部武器装备总署的直属军工企业，以军品生产为主。国有私营企业是国家直接或间接持有大部分股份、企业受国家控制但由私人经营的企业。这些企业主要分布在航空航天、动力推进、火炸药及军用车辆等领域，军品生产占较大比重。私有私营企业主要从事军用电子设备和部分兵器制造业务，也承担少量军用航空航天设备和军用舰船研制与生产任务，兼顾军、民品生产。法国政府注意通过兵工厂商业化和国有企业部分私有化扩大企业自主权。

在法国军工制造业中汤姆逊公司和马特拉公司是两大巨头。汤姆逊公司是欧洲最大的电子工业集团，主要经营飞机导航设备和电子系统。马特拉公司是欧洲有实力的航空和国防工业集团之一，该公司在火箭制造方面在全世界技术领先。

（三）德国

德国国防部总装备部是德国军地协同创新生产的管理机构。但是由于德国军工企业全部是民间企业，不受国防部直接控制，因此国防部对其生产的管理只是宏观政策调控，其主要职责是对国防工业的发展进行统一指导、监督和控制，具体内容包括制定武器装备的研究、发展规划和计划；参与研究和制定各军种的武器装备需求方案；拟定武器装备发展的重大决策；指导计划实施部门的工作，监督检查计划的实施情况；管理武器装备方面的国际合作事务；并就国防科技领域的有关问题向最高决策机构提供咨询。

作为除英国和法国之外的欧洲第三军事强国，德国的国防产业结构体系完整，能力与水平均居世界一流水平。由于受到国际限制，德国不能发展核武器与军用航天技术，但海、陆、空常规武器十分先进，是世界上最大的军火生产国和出口国之一。从20世纪80年代末起，德国已成为世界上先进的武器装备研制生产大国，并建立了具有本国特点的军工科研生产体系。目前，德国的国防产业已经完全实现了现代化，在国际市场上具有极强的竞争力，具有自行研制和生产各种常规武器的能力，其生产能力在欧洲乃至世界都是比较强的。军工门类包括军用航空、电子、导弹、兵器、舰船五大门类，因为政治历史原因，没有军用核工业和军用航天工业。

德国没有政府所属的国有军工企业，国防科研和生产基本由民间企业、地方科研机构和一些高等院校承担。因此，私营军工企业在德国武器装备研制生产方面占有重要地位。但德国军工企业数量多，规模较小，目前能生产军工产品的企业多达2万家，其中规模较大的军工企业有30多家，承担国防部订货额的50%以上。国防技术与采办总署负责与一家总承包商签订合同，分系统和部件的生产由总承包商另行组织管理。国内国防工业企业界从军方获得的订货额约占军方订货总额的85%，其余15%流入国外企业。德国军工企业大致分为以下几类：超大型军工康采恩（"康采恩"含义为"多种企业的集团"），如戴姆勒·奔驰公司等；大型军工康采恩，如西门子公司、莱茵金属公司等；外国军工康采恩的子公司，如塞尔公司等；对某个军工领域有丰富生产经验的、规模不大的公司，如韦克曼公司等。

3.3.2 军地协同创新生产管理机构主要类型及特点

一、美国军地协同创新生产管理机构主要类型

当今世界，美国军地协同创新生产能力是规模最大、水平最高的。其生产管理体制如图3.2所示。美国政府对军地协同创新生产的管理也是最复杂、最具典型性的。美国政府中涉及军地协同创新生产管理的主要部门是国防部，还有能源部、航空航天局、商务部、国务院等。美国最主要的军地协同创新生产力量是私营企业，还有少量政府、军队的生产力量。

在军地协同创新生产过程中，国防部和军队有专门的工作机构进行采办的管理，对军品生产的全过程进行监控。国防部、国务院和商务部对军品的进出口、军工技术转让进行许可证管理。美国军地协同创新生产能力的宏观管理主要是通过国会、总统、国防部和三军来决策和实施的，其职能划分如下：美国国会和总统是军地协同创新生产的最高决策层，负责制定国防工业的总体发展战略，并通过预算拨款和政策对国防工业实施宏观调控。国会负责通过立法对军地协同创新生产进行宏观控制审核及批准国防预算。总统负责领导制定国防工业的方针政策及重大采办计划的指示，由总统主持的国家安全委员会负责制定国家安全政策，审议防务目标、军事战略和重要武器计划并提出决策性的建议。国防部是美国军地协同创新生产管理的核心职能机构，其主要职能是负责国防武器装备生产全过程的统一管理和协调。陆、海、空三军总部作为武器装备采办全过程的执行部门，负责本军

种装备生产的具体组织实施。美国航空航天局也承担部分军用航空航天计划；能源部主管核武器工业；运输部所属海事管理署负责舰船工业管理和通过有关政策和法令，对造船企业的经营行为进行宏观调控。

（一）美国国会与总统

美国军地协同创新生产管理由总统集中决策，国会进行立法和监督，国防部、能源部和航空航天局等部门实施管理，总统在联邦政府中拥有科学技术领域里的最高决策权，还担任国家科学技术委员会主席，而总统科技顾问委员会、科技政策办公室、国家工程科学院以及各种科学促进会等发挥咨询作用。

虽然长期以来由于总统权力的不断扩张，国会在美国政治中的地位和作用呈下降趋势，但是其在立法和监督行政机构方面仍发挥着举足轻重的作用。国会议员尤其是军事委员会和拨款委员会的成员，在国防方案和政府财政预算中有很大的权力。国会立法权和预算审批权，涉及国防工业的政府预算，国防部等行政部门的机构设置与撤销，重要的法规、条例，国外获得国防关键企业的股份，军品出口管制条例，均须经过国会审查与批准方能生效。

（二）美国国防部

1981年3月，美国国防部正式发布第3201.3号指令，明确规定了国防部军内研究所的具体目标和任务，基本确立国防部研究机构的管理架构。美国国防部在国防部部长/副部长的领导下，由国防部部长办公厅、军种部、参谋长联席会议、统一作战司令部四大职能机构组成。其中，国防部部长办公厅下设的采办、技术和后勤副部长办公室负责采办、研发、高级技术、试验和评估、生产、后勤、设施管理、军事建筑、环境安全、核生化相关事务。美国国防部的科研机构管理工作由负责科学技术的副部长统一领导，科研机构主要设在各军种内，分别由各种军种实施管理。国防部本部也设有一些独立研究机构，如国防部高级研究计划局、国防原子能局、国防后勤局，国防信息系统局所属的研究实验室和实验鉴定中心等。国防部的国防研究与工程署署长兼任国防部科技执行官，署内设有科学技术管理局，具体负责国防科研机构和相关政策的制定和管理工作。

根据美国国防部第3201.1号指令《国防部研究与发展实验室管理》，负责研究与工程国防部副部长（现为国防研究与工程署署长）负责制定国防部研究所管理工作的政策指示，各军种部长负责各自军种研究所的管理及计划项目的实施，而三军研究所管理的实际协调机构是该指令建立的"国防部研究所管理工作组"，该工作组由负责研究与高级技术的副部长帮办主持。

（三）美国能源部

美国能源部是美国最重要的联邦政府机构之一，主要负责核武器生产，制定相关能源政策，对能源行业进行管理和指导，组织并负责能源相关技术研发等。

二、俄罗斯军地协同创新生产管理机构主要类型

俄罗斯军地协同创新生产管理机构如下：

（一）最高层——俄罗斯联邦总统、俄罗斯联邦会议（上院）和国家杜马（下院）

上、下两院主要负责审议所制定的有关军地协同创新生产能力方面的相关政策和法律，对国防预算法案进行审核和批准拨款，监督预算的执行，最终由俄罗斯总统颁布批准命令。在俄罗斯联邦总统办公厅下设机构中，涉及管理军品科研生产能力的部门有俄罗斯联邦安全委员会（俄罗斯联邦安全委员会科技委和俄罗斯联邦安全委员会军事安全方面的部门间委员会）、俄罗斯联邦对外军事技术合作问题方面的委员会、保护国家机密方面的部门间委员会，以及科学技术与教育委员会。

（二）政府层——俄罗斯联邦政府

在俄罗斯联邦政府层面设立军事工业委员会，军事工业委员会主要负责协调俄罗斯联邦政府、国防部及其强力部门以及国防工业综合体之间的关系，监督实施国家国防工业和相关军事技术保障方面的政策，以及监督国防工业完成国家国防订货任务，对俄罗斯联邦机构和企业没有指挥与命令的权力，也无权独立分配与调拨国防经费。军事工业委员会的主席由政府第一副总理担任，委员会成员包括军事工业

委员会科技委主席、国防部部长和第一副部长、总参谋长、俄罗斯联邦工业与贸易部部长、俄罗斯联邦财政部部长、俄罗斯联邦政府各部委（即俄罗斯联邦权力执行机构）的主要负责人、俄罗斯联邦总统办公厅主任、俄罗斯联邦上院代表、俄罗斯联邦科学院院长等。

（三）执行层

执行层是管理军品科研生产能力各领域的相关俄罗斯联邦权力执行机构，主要分为国防部和俄罗斯联邦政府相关执行机构。

俄罗斯联邦国防部直接向总统负责，负责制定统一的俄罗斯联邦武装力量军事技术政策、武器装备发展规划，制订国防订货计划，从事对外军事技术合作工作等，管理下辖的装备修理机构和企业，以及装备论证机构，监督国防工业企业的活动。

俄罗斯国防供货局全称"俄罗斯联邦武器、军事、特种技术设备和后勤物资供货局"，于2008年5月成立，下设：国防部国家订货装备品种名目处，联邦执行权力机构国家订货产品种类处，国家订货的统计、监督与方法处，产品检验与价格制定监督处，财经及物资技术保障处，法律处，保密安全处，信息化处等。俄罗斯国防供货局归俄罗斯国防部领导，是国防订货监督方，负责确定装备需求，制定和提交武器装备的清单和战术指标，监督国防订货承包方的国防订货合同完成情况；负责向俄罗斯武装力量提供武器装备，并检查监督合同的完成情况，验收产品。

2008年俄罗斯国防供货局成立初期，目的是与国防订货方（负责分配国防订货，与企业签订订货合同，掌握订货经费的机构）分离，即不让国防订货方与监督方均由军方单独控制，以防止腐败和专权。但因长期以来这两项项目职能一直由军方掌管，政府（内阁）缺少专业人员和运行经验，所以国防供货局没能正常运作，2010年后划归国防部领导。此次普京所进行的调整，是对国防订货与监督体制的进一步调整，也是以往在这一领域进行调整改革的继续。

俄罗斯联邦政府相关执行机构上对政府总理负责，下对国防科研机构的不同领域实施管理。其中主要包括俄罗斯联邦工业与贸易部、俄罗斯联邦航天局、"俄罗斯原子能"国家集团公司、"俄罗斯技术"

国家集团公司、俄罗斯联邦经济发展部、俄罗斯联邦国防订货署、俄罗斯联邦财政部、俄罗斯联邦经济发展部、俄罗斯联邦反垄断局等。

三、欧洲主要国家军地协同创新生产管理机构主要类型

（一）英国

英国国防的政府监管架构从决策、管理与实施、具体承担三个层次对军地协同创新生产进行分类管理。国防与海外政策委员会是军地协同创新生产管理的最高决策机构，首相任主席，成员有国防大臣、外交大臣、内政大臣和财政大臣等；必要时，国防参谋长和三军参谋长列席会议。英国的军地协同创新生产由国防部和贸工部等政府部门分别从不同角度进行管理，但两者有着明确分工。国防部侧重于国防建设和确保武器装备研制生产供应，贸工部则侧重于国防科技工业对国民经济建设的作用。另外，还有国防采办局等采办部门负责与军工企业、研究机构及大学等的合同订货。

（二）法国

法国采取了高度集中统一的军地协同创新生产管理机构结构。总统、总理以及国防部、经济与财政部和审计法院下属的各个部门分别承担各自的任务。在业务管理层面，法国与武器装备有关的国防科研规划与计划的制定、国防科研活动的组织实施、国防科研经费的分配与支出均由国防部武器装备总署（DGA）负责。国防部设武器装备总署，武器装备总署集国防科研、武器装备采购和国防工业管理的职能于一体，其主要职能是根据三军提出的军事需求，综合评估技术、经济的可行性，统一制定全武器装备发展的规划、计划和年度预算，对武器装备发展的全过程，即从预先研究、研制、采购、装备使用到大型装备（主要是飞机和舰船）的工业维修以及武器出口实行统一管理。武器装备总署、三军总监督处和三军参谋部并列，直接向国防部部长负责。

法国政府由总理和各部部长组成，政府确定和管理国家政策、监督行政机构和武装部队。法国政府较议会具有更大的优势，这是因为根据宪法它可以制定议会日程、要求对被搁置的议案进行重新投票。

内阁部长,如国防部部长不仅要在自己职权范围内签署文件,还要在议会中维护自己部门的政策,以及监督政府决议是否得到有效执行。

除了国防部,还有财政部、国家审计法院和国家公共交易委员会参与国防科研和生产管理工作。财政部主要负责审查预算、支付资金,监督年度经费开支等工作。国家审计法院参加对一些武器装备合同的抽查监督。国家公共交易委员会参加对一些重大武器装备合同的审查工作。

(三)德国

德国议会、联邦总理及总理领导下的内阁委员会是国防工业的最高决策机构,内阁委员会由联邦总理主持,成员包括外交部、财政部、经济部、国防部、研究和技术部,以及邮电部等各部部长,其主要职责是制定国防工业发展战略和重大方针政策。

德国国防部总装备部具体负责国防工业管理。它是德国国防工业的领导和管理机构。但是由于德国军工企业全部是民间企业,不受国防部直接控制,因此国防部对国防工业的管理只是宏观政策调控。其主要职责是对国防工业的发展进行统一指导、监督和控制,具体内容包括制定武器装备的研究、发展规划和计划;参与研究和制定各军种的武器装备需求方案;拟定武器装备发展的重大决策;指导计划实施部门的工作,监督检查计划的实施情况;管理武器装备方面的国际合作事务;并就国防科技领域的有关问题向最高决策机构提供咨询。

除国防部外,德国航空航天中心也是国防重要管理部门,其在航天工业管理方面的主要职责是制定航天工业政策及发展规划,负责航天计划的实施,并起国家航天局的作用。联邦环境、自然保护与反应堆安全部是管理核工业的联邦政府一级的管理机构,负责制定核安全管理的基本政策并对各州实行监督,各州则设有专门的核管理机构。

四、各国军地协同创新生产管理机构特点

(一)美国

美国军地协同创新生产管理机构大致呈现以下几个主要特点:一是统分结合。作为美国军地协同创新生产的最主要的管理部门,美国

国防部实行国防部部长办公厅统一领导和三军分散实施相结合的管理体制，即宏观政策和计划审批、协调由国防部统筹；三军作为武器装备采办全过程的执行部门，在国防部统一领导下，负责本军种采办的具体实施，包括编制军种的采办计划、预算，并组织、协调和落实。因而，这种"统分结合"的管理体制，使得各部门职责分工明确，既有集中统一，又有业务自主。二是分级管理、层次分明。具体的采办过程又分两个层次，实行政策、计划和具体实施分开管理：国防部部长办公厅及其领导负责采办，技术与后勤的副部长办公室主管装备采办的方针政策、规划计划、经费预算和业务协调；各军种负责在国防部统一领导下，组织本军种采办计划的制订、项目的实施和经费落实。此外，在各军种内部也分有管理层次，这种"分级管理、层次分明"的管理体制，既有利于领导层摆脱具体事务，集中精力做好战略决策和宏观调控，也便于实施层全力抓好项目的管理实施，避免过多的行政干预。三是建立多方位的沟通渠道。国防部负责采办、技术与后勤的副部长办公室设有工业事务副部长帮办和设施副部长帮办职位，以及弱小企业利用局和国际合作局，通过各种手段加强与国防工业界的联系。国防部还建立了若干协调委员会，如"航空航天协调委员会"，保持与其他有关政府部门的协作。同时，国防部设联合需求监督委员会，保持与作战指挥部门的联系。这种"建立多方位沟通渠道"的管理体制，可以就重大问题实行集体讨论，有利于吸纳各方意见形成统一决策，并避免了各自为政、政出多门现象的发生。

（二）俄罗斯

俄罗斯实行总统领导下的、较为集中的国防工业管理模式。为了改变经济部、邮电部、航天部、外贸部等职能部门都对国防工业进行管理而造成管理环节多、关系协调难等影响国防工业发展的问题，俄罗斯大力调整了国防工业管理体制，撤并了一些部门，并将各职能部门管理国防工业的职能集中起来，实行总统领导下的纵向管理模式。例如，2000年12月，普京总统签署命令，国防部接管以前由工业、科学技术部承担的与外国军事合作的职能，构成总统—政府—军贸公司组成的三级纵向管理体制。又如，对建国初期的总统—国家安全会议—国防工业跨部门委员会—各职能部—各有关局—相关生产科研机构的管理环节进行压缩，减少了中间层次。国防工业管理权力呈现两种走势：一是国防科研生产的规划及费用管理权有逐步向国防部集中的趋势；二是国防工业部门管理体制有由多个专业部门管理的设置向国家综合部门管理的设置转变的趋势，逐渐形成了总统领导下的、较为集中的国防工业管理模式，即国防部系列：总统—国防部—总装备部—各军种装备技术部—相关生产科研机构；政府部门系列：总统—国家安全会议—联邦工业、科学技术部—五个国防局（弹药局、常规武器局、控制系统局、造船局、航空航天局）—相关生产科研机构；对外合作系列：总统—国防部—对外军事技术合作委员会—俄罗斯国防出口公司—企业。

在对国防工业进行战略重组的基础上，打造企业集团。俄罗斯制定了"2002—2006年国防改革和发展"计划，决定对国防工业生产体系进行大规模重组和调整，形成大型企业集团。截至2006年在10个专业领域形成41~55家企业集团，解决国防工业生产体系的力量分散问题。

国防工业企业逐步走向市场化、股份化、私有化。按市场经济规律办事，实行优胜劣汰；将大部分国有国防工业企业改造成股份公司；并允许私人、外资进入国防工业企业领域。在出口导向型企业的基础上成立控股公司，然后计划到2004年将国防工业企业的数量减少一半，并吸收国家、私人的投资和外资，对企业集团进行股份化，股份公司由957家减少到247家。

企业向军民兼容方向发展。能军能民是俄罗斯国防工业的发展方向，因此，俄罗斯在重视军品生产的同时，更重视民品的生产。2001年军工企业民品生产规模增长16.5%，民品产值在全部军工企业产值中的比重在2000年和2001年分别为44%和47.8%。俄罗斯国防工业在整个国民经济中占有举足轻重的地位。国家经济增长、外汇来源以及经济领域几乎所有重要部门——运输业、无线电通信、燃料动力综合体和卫生保健等部门的技术更新，都取决于国防工业企业的发展水平。

(三) 欧洲主要国家

（1）武器装备采办和国防企业控股。法国政府不设专门管理国防工业的部级机构，政府通过武器装备采办和国防企业控股引导和影响国防企业的发展。国防部武器装备总署负责武器装备的采办，是国家采购武器装备的政府代表，并以独立的政府机构身份保留很大的自主权。根据国防部关于武器装备总署职责和组织机构的2005年政令第一条规定，武器装备总署署长担负"保持和发展国防所必要的技术和工业能力"的职责。常规武器的研制生产与采购均由武器装备总署负责管理；军用民用核工业由法国原子能委员会负责管理，其中核武器项目在武器装备总署统一规划下由法国原子能委员会负责研究、设计、制造和维护；军用民用空间系统的研制生产由法国国家空间研究中心负责管理。

（2）国家对国防工业实施的宏观调控。冷战结束后，法国开始改变过去对国防工业管得太宽太细的做法，实施以宏观调控为主的政策，减少对军工生产的直接参与和管理。具体措施包括：一是由装备总署负责制定和发布国防工业发展政策，指导国防工业能力与结构的调整；二是将军工企业进一步推向市场，减少国家控股份额，主要军工企业陆续实现股票上市；三是统筹武器装备工业生产部门、武器采办主管部门和武器需求部门（参谋总长与三军参谋部），加强对武器装备计划、经费的管理和产品质量控制；四是调整企业资金结构，对大型军工企业以国家控股的方式实现股份化，引入大量私人资本。

（3）政府在军工企业中占有较高股份。承担武器装备科研生产任务的总承包商一般为国家参股的大型军工企业，或政府所有投资公司参股的大型军工企业，政府拥有大型国防企业大宗股份，如泰雷兹集团公司、达索飞机公司、法国舰艇建造局、奈斯克特集团、欧洲航空防务与航天公司等，政府通过大型军工企业股权和代表影响军工企业。

（4）陆海空三军基本不设科研生产机构。国防科研生产任务由武器装备总署所属国家科研机构、试验中心和军外军工企业承担，陆、海、空三军基本不设科研生产机构，但参加部队系统和武器系统的设计和规划，参与武器装备研制、生产、试验、鉴定全过程的管理。武器装备总署通过科研合同对军外科研活动进行战略性控制。

扶植、支持、利用和发挥国防工业组织在武器装备研制生产中起重要作用。法国国防工业系统的行业组织有两个层次：全行业的组织和分行业组织。如法国国防工业委员会（CIDEF，全行业的组织）、法国航空航天工业集团（GIFAS）、地面防务装备工业集团（ICAT）、海军舰船制造和武器装备工业集团（GICAN）等。这些机构每年就法国国防工业的发展现状、存在的问题进行评估分析，向行业成员和国家提出方针、政策性建议。

3.3.3　军地协同创新生产管理机构的管理模式

一、俄罗斯军地协同创新生产管理机构的管理模式

苏联解体后，俄罗斯继承了苏联的主要国防工业。苏联曾是与美国并驾齐驱的世界军工超级大国，但其管理模式与美国大不相同。而俄罗斯的管理模式一直在不断变化，与苏联已有很大不同，并且处于变动之中。

苏联是苏共集中统一领导的政治体制，对国防工业发展的任何重大决策都要由苏共中央最高领导决定。苏联政府（部长会议）对国防工业的管理是在苏共中央的领导下进行的。部长会议内的国防部和各国防工业部共同对国防工业实施具体管理。苏联的军工科研院所、企业均为国有。国防部代表军队提出武器装备需求，各国防工业部组织所属科研院所和企业进行武器装备的科研生产。武器装备的定价基本上由国防部和各国防工业部决定，军工科研院所和企业的一切运行费用由政府承担（各国防工业部具体实施投资管理）。苏联国防工业的发展战略是紧追美国，集中国家财力发展军工，建立专门的军工体系，以规模优势弥补水平劣势，争取与美国的总体实力不相上下。苏联武器装备几乎全是国产，但也一直想方设法引进西方的先进技术。由于行政上的隶属关系，对武器装备科研生产的管理是政府各国防工业部和军工科研院所、企业共同承担的，国防部和军方的作用并不突出。对军品贸易的管理，则要涉及国防部、外交部、各国防工业部，由部

长会议和苏共中央最后决策。

俄罗斯建国后，由于其他领域实力特别是经济实力的大幅度下降，国防工业成为俄罗斯维持大国地位的一个重要砝码。俄罗斯实施了确保国防工业力量不能流失，继续在重点领域保持领先，与美国有一定的抗衡能力的发展战略，确保总体上仅次于美国，并在某些方面不次于美国，同时大大领先其他国家。国防工业的政府管理则由工业科技部承担，国防部通过军品订购参与管理。由于国内需求剧降，政府积极鼓励军品出口，放松管制。对军工科研生产的管理基本由科研院所和企业自主进行，国防部和军方仅对国内采办进行管理监督。军品贸易由工业科技部、国防部、外交部共同管理。

俄罗斯军地协同创新生产管理机构管理模式呈现的主要特点是：军地协同创新生产管理机构管理模式处于不断的改革和调整中，但总体趋势是国防科研和生产的规划和费用管理权逐步向国防部集中。具体的管理机构同样分为国防部和其他政府部门两个系列，分别从不同角度进行管理。国防部系列：总统—国防部—总装备部—各军种装备技术部—相关生产科研机构，主要掌握国防工业科研规划、费用管理、采办预算及采购等权力，并逐步实现对武器装备科研和生产的统一管理，推行在竞争基础上的合同订货体制。其他政府部门系列：总统—国家安全会议—联邦工业、科学技术部—五个国防局—相关生产科研机构。另外，俄罗斯还组建了民间性质的"俄罗斯国防企业联盟"。该联盟在议会中占有席位，代表各国防企业的利益，通过议会与国防事务有关的委员会、政府部门及军方保持接触，同时它也是有关国防工业问题的重要咨询和协调机构。

二、欧洲国家军地协同创新生产管理机构的管理模式

以法国为例，从总体上看，法国的军地协同创新生产管理模式的运行程序是：国家安全环境评估→国防决策→军事装备前景研究→确定武器装备项目的预期需求→提出采办计划、制定预算→进入采办过程。法国的国防工业管理体制所实行的是集中统一的决策管理体制，由隶属国防部的武器装备总署全面负责军队的国防科研和武器装备采

购工作，统一归口管理国防科研、武器装备采购和国防工业。因此，武器装备总署的管理模式基本上就可以概括法国军地协同创新生产管理模式，按时间序列和运行程序分为军事需求论证、计划编制和计划执行三个阶段。

军事需求论证阶段。法国军事需求最重要的目的：一是能够在必要的情况下独立捍卫国家的切身利益，抵御来自任何方面的任何威胁；二是确保欧洲和国际的稳定，以体现其作为欧盟中最重要国家之一的特殊地位；三是执行全面防务政策，即防务政策不仅限于军事和战略方面，而且要涵盖国家活动的各个方面。因此，法国的武器装备生产除了要满足国内的军事需求，还要满足国家经济发展和向国外出口的需求，其目的在于一方面通过稳定的武器装备生产，促进经济增长和扩大就业，另一方面通过军火出口扩大国际影响，使之成为一种外交手段。同时，通过军火出口，还可以扩大国防科研经费的来源。因此，法国的国防工业被政府确定为十个受保护的行业之一。

法国军事需求论证的基础是1996年制定的军事规划法，在这一法规中对截至2015年的防务政策作出了重大决议，包括国防预算开支、基本建设开支等。另外，军事装备的"前景研究"也是论证军事需求的重要依据之一。

计划编制阶段。军事需求论证阶段形成的文件提交给常设执行委员会，这一委员会由武器装备总署署长、军种参谋长以及由联合武装部队参谋长和行政秘书长推荐的人选组成，由他们负责审查所有军事需求的论证文件，然后由委员会向国防部部长提出建议，经国防部部长批准后项目即可立项。最后，主要是由武器装备总署与联合参谋人员组成的一体化的跨学科项目小组（必要时也聘请专家和企业界人士参加），进行计划编制工作。此外，武器装备总署从事计划工作的人员，也在费用、计划、项目管理方法、质量、采购、风险管理等方面协助工作。

在计划编制阶段，要分别进行可行性研究和定义研究。可行性研究的目的在于，探讨可供解决的具体军事需求的方案，并进一步评价方案对军事需求的满足程度，最终形成定向文件。定向文件由支持总结论的两个相辅相成的部分组成。

（1）由联合武装部队参谋长负责，对军事需求作足够详细的阐述，虽然这仍然是临时性的。它相当于临时军事特性文件的内容。

（2）由武器装备总署负责，阐明对军事需求可能的各种反应及其含义——满足军事需求的程度、性能、时间表、费用、为实现阶段提供资金的日期、工业和国际方面的问题等。特别是要提供有关从国外采购可以满足一部分或全部需求的所有有用信息。同时还包括每种解决方案存在的困难和风险，以及控制它们的方法。

计划执行阶段。其主要是由武器装备总署前几年新设定的采办执行官负责。从业务范围看，法国的国防采办包括研究和开发、武器装备设计、建立模型、测试、生产、现役保证和其他项目；从职能范围看，采办执行官全面负责采购和谈判政策、相关法律法规的执行、争端处理、采购价格和成本估算，以及质量保证等事宜。

法国的武器装备采购标准包括以下内容：军事利益、技术创新、经费额度、工业效率和国际评价。武器装备采购清单经武装部队参谋长（航空维修局）同意后，由武器装备总署报请国防部部长批准。至于具体的武器装备项目，则由武器装备总署指定相关军种负责，而涉及两个或两个以上军种的武器装备，则由联合武装部队参谋长指定一个或几个参谋长（其中包括负责军种的参谋长）进行指导。因此，根据情况的不同国防采办项目分为重大项目、武器项目和综合项目。

法国武器装备费用包括科研费、采购费、基础设施费和大部分维修费，其中80%以上都是由武器装备总署统一管理。其预算流程是：由武器装备总署制定统一的全军武器装备发展规划、计划和年度预算，报国防部部长批准后提请议会审议，然后由财政部将相关款项拨至武器装备总署。

实际上，在军事需求论证，尤其是在计划编制阶段，已经就供应商选择问题作了初步以及较为详尽的定向性分析，但还要经过竞标来选择供应商，首先是选择主承包商，倘若在主承包商层次无法采取竞标形式，则在分包商层次进行竞标。整个竞争过程必须保证足够的透明度。

三、各国军地协同创新生产管理模式对比

（1）战略规划与政策。俄罗斯、英国、巴基斯坦政府均出台国防工业整体战略规划与政策，俄罗斯政府还制定各军工行业发展规划。美国、法国、印度政府不制定专门针对国防工业的整体战略规划。美国国防部主要通过技术研发与装备采购规划、计划引导国防工业发展，国会审查政府上报的武器装备采办计划、预算时，充分考虑国防工业能力的维持和发展。法国通过国防部规划、计划，如远景规划、长期规划、中期计划等间接指导国防工业发展。印度国防部通过发布装备技术规划的方式引导国防工业发展。在航天、核领域，各国政府均出台相关的法律、政策、战略规划，直接或间接引导相关工业的发展。

（2）企业管理。美国国防企业以私有企业为主，政府通过政策法规、采办制度和采办项目等进行管理；对难以市场化生存的企业，如主要弹药企业、装备维修厂均为国有，由政府直接投资和管理；涉及国防业务的并购、剥离由国会审查批准，外国资本收购国防业务由商务部会同国防部审查。英国国防企业也以私有企业为主，但对关键国防企业采用"金股"方式进行控制，以确保对公司重大决策长期保留最优决定权。法国骨干国防企业，特别是总装集成的主承包商，政府控股或占有较大股份。俄罗斯和印度的国防企业以国有企业为主体，政府进行直接领导。

（3）国防工业评估。美国将国防工业评估作为管理国防工业的重要手段。美国国防部、能源部、航空航天局的评估主要包括三类：一是依据法律按年度评估，并向美国国会提交报告；二是进行横贯各军工行业或重大领域的评估；三是针对专项计划、专门技术领域的评估。美国国会和商务部也针对重大问题和供应链进行评估。英国国防部也开始对工业能力进行系统评估，帮助确定本国必须保留的关键工业生产能力。

第4章 世界典型国家军地协同创新发展工作运行机制

4.1 军地协同创新发展工作运行机制的基本情况

4.1.1 协调机制

一、国家层面的协调机制

美国在军地协同创新方面国家牵引机制尤为突出，建立了国家顶层统筹协调体制机制，完善顶层设计。美国构建军地一元化的行政架构，军队由政府的内阁部—国防部管理，便于协调，并接受相关部门监督指导。美国在联邦层面主要依托国家安全委员会、经济顾问委员会、白宫科学与技术政策办公室、国家安全顾问和国家经济委员会等机构，构建了军地协同创新发展的统筹协调机制。例如，美国建立了统筹协调军民科技计划的协调机制。由白宫科学与技术政策办公室根据国家科技委员会和总统科技顾问委员会的咨询建议，对国防和民用科技计划进行审核分析，与行政管理和预算局会商制定军民统筹的联邦政府科技计划。在实施过程中，由国家科技委员会统筹协调，对各部门经费预算提供分配建议，对参加军民科技计划的国防和民用研究资源进行整合、调度和协调。美国开展了一系列活动来多方面推动军地协同创新发展，并出台相关专项计划来具体落实。其具体包括采用经济支持、加强系统灵活性和兼容性、鼓励私营企业参与太空技术研发、创建军民一体化科技产业链、推动太空私营企业产品技术出口、建立军民信息交流平台等手段，尽可能地推动太空军地协同创新发展。

美国国家安全委员会是美国的最高军事决策机构，也是最高协调机构。该委员会为常设机构，有专职人员，除了决策功能外，还具有落实决策的能力。该委员会直属总统办公室，早期是由美国总统、副总统、国务卿、国防部部长、财政部部长、中央情报局局长、参谋长联席会议主席等高层官员组成的总统班底，目前已发展为正式的政府机构组织，由200余人组成，其中包括百余名专职人员。该委员会起着综合不同部门意见并拿出主流性看法供总统决策参考的作用。因此，美国国家安全委员会在美国政府中发挥着任何单一部门都不能发挥的作用，它负责把国家安全政策的不同方面统一起来向总统提出对策建议，协助总统制定、审查并协调国家安全有关的内政、外交和军事政策。该委员会及其班子最终构成整个行政部门复杂决策体系的塔尖。在协调经济建设与国家安全方面，该委员会明确把工业和人力动员、保护基础设施、全民防御、政策连续性和自然灾害、处理恐怖主义国家进行的军事行动的后果等方面作为决策内容的重要组成部分，并设立了主管上述行动的专职助理，其中位列第四的助理同时兼任国家经济委员会副主席职务，负责国防经济和有关国家安全所需要预算及资源等综合计划问题。该委员会还一直试图为信息和情报综合汇总提供一个超越中央情报局与联邦调查局的整个情报系统的中心场所，并架起情报与政策领域的核心桥梁。美国国家安全委员会安委第2号副手是"国家信息系统"的主管，也为经济与国防之间的协调提供情报与信息支持。该委员会还专门下设紧急准备和动员计划政策协调委员会，该委员会下设常务秘书处，秘书处下设军事动员、应急通信、应急反应、工业动员、资源动员、科技动员、财力动员、民防动员、地震动员、国防后勤、动员与部署指挥共12个部级协调组，分别负责本领域动员政策的制定和工作协调。依托总统办公室或总统协调机构在国家层面对科学技术、装备建设和重大项目军地协同创新等事宜进行统筹协调，提高宏观决策和管理效率。对于重大军民共用项目，如GPS的建设与应用，总统建立了国家天基定位、导航与授时执行委员会，由美国国防部、农业部、商务部、国土安全部、航空航天局等多个部门组成，负责 GPS 建设和应用的重大决策和资源分析，解决军民等各部门的重大矛盾和分歧，平衡各个部门利益。

俄罗斯在国家层面上，从国家安全战略、军事学说、军事战略到总统令等均明确提出加强军地协同创新。第一，国家战略层面明确提出，要统筹国防和经济等各项领域建设。《俄联邦 2020 年前国家安全战略》，明确指出需要通过制定战略性文件并颁布相关法规，统一协调国家政府机构、国防资源、经济领域各企业，乃至网络和交通等重要基础设施的活动，以确保国家安全战略目标的实现。2010 年《俄联邦军事学说》中指出，为保障国防利益，在某些领域要实行军民科研生产一体化，在国际战略层面确定军地协同创新的重要性。第二，总统令形式明确提出要积极推进军地协同创新。2012 年，普京签署《关于实现俄联邦武装力量、其他军事组织建设与发展及国防工业现代化规划》总统令，明确提出保障高风险研究和基础科学的可持续发展，吸纳俄罗斯科学院、国家科学中心和大专院校从事国防建设，创建统一的科研和设计工作信息数据库，将军用和军民两用产品的技术资料纳入数据库。以落实军民资源共享和军民技术双向转移工作。第三，重要领域的战略性文件中明确提出军地协同创新的原则及要求。《俄联邦空天防御构想》中将建立军民协作机制，共享情报资源，共建空天防御体系作为首要原则。《俄联邦 2020 年前北极国家政策原则》主张对北极资源行使主权，强势推进军民并重的北极战略。

为保障军地协同创新顺利推进，实现军事、工业、科技和政界之间的有效沟通，俄罗斯组建和完善了多个组织协调机构。具体措施有[42]：第一，建立协调军地协同创新的最高机构——联邦安全委员会，除了决策功能外，还具有落实决策的能力，由总统任主席，总理任副主席，负责协调处理国防部与政府其他部门之间的关系，是统筹国防建设与经济发展、对军地协同创新发展进行战略筹划的最高机构。其前身为苏联国家安全委员会，是一个直属俄罗斯联邦总统的组织，主要任务在于为总统决定国安事务的方针，由总统召集几位重要的部委首长参与，汇总各部委的意见以整合出国家安全政策，日常负责制定军地协同创新发展战略规划，检讨推进军地协同创新发展所采取的政策。该委员会为常设机构，主要成员有国防部部长、外交部部长、内务部部长、情报总局局长、安全总局局长、边防总局局长、司法部部长、财政部部长、国防工业部部长、核能源部部长、紧急情况部部长等。下设国防安全局、社会安全局、经济安全局、信息安全局与战略预测局等机构。联邦安全委员会的职能是研究分析国内、国际各领域存在和可能发生的危机，保障个人、团体和国家利益不受内部或外部的威胁，在保障安全方面实行统一的政策，并行使宪法赋予的权力。联邦安全委员会除每年的例行会议以外，还根据安全形势的发展变化召开临时性会议和紧急会议，讨论和制定安全方面的政策措施。第二，军事工业委员会在政府主管工业机构和国防部装备采办管理机构之间进行组织协调。俄军事工业委员会是一个常设机构，对重大国防项目和计划进行决策，包括军事工业综合体重大政策制定、国防军事装备保障、相关部门工作组织协调以及监督执行等，具体而言该委员会负责制定军工产业军地协同发展纲要和战略规划，同时负责军民相关重大决策的协调仲裁。第三，俄罗斯工业与贸易部牵头成立了跨部门的军民两用高新技术创新与转换中心，负责高新技术创新信息的搜集、保存和共享，对完成军民两用科研试验效果进行评估，以减少浪费、提高军民两用高新技术创新与转换的透明度和效率。俄罗斯的国防科技协同创新工作在总统的直接领导下进行，作为顶层设计的最高机构，总统科学技术政策委员会为政府制定国家科学技术发展政策提出具体的建议和措施。同时，俄罗斯国内军工两方的矛盾在2014年成功化解，进一步提高了包括国防科技协同创新在内的国防科技工业转轨的决策权威[29]。

欧盟在军地协同创新协调机制方面，高层部门和顶层体系主要发挥决策指导作用，实现军方与政府的深度融合，统筹协调军地协同创新发展。在机制上，英国、法国、德国对实现国防和军队现代化建设融入经济社会发展体系方面都有顶层设计。顶层体系主要以国家领导人及其组建内阁作为最高决策机构和政府军方融合的核心机构，这一顶层设计通过对国防部的建立和指挥，使国防部发挥军方核心管理部门和文官政府的双重职能，从而实现军方与政府的一体化管理。这一高层设计作为国防科研、国防立法、开展国防动员、军工生产与装备采购的最高决策机构,负责制定重大方针政策,审批重大发展计划,颁布战略文件,发挥重要的决策指导作用。

日本在国家最高层面上加强军民统筹协调。日本的国家级机构是国家安全保障委员会和综合科学技术委员会,国家安全保障委员会作为日本外交安全最高决策机构,在国家军地协同创新发展上发挥统筹作用;综合科学技术委员会提出从国家科技发展战略出发,提升军民两用技术水平,推动国防科技能力不断增强[43]。日本的"安全保障会议"是由总理大臣任主席的安全保障会议负责有关军地协同创新建设与发展有关事项的决策与部署,凡是有关武器装备和后勤保障装备研发与生产的规划、计划及重大项目全部由总理大臣审批把关;涉及军地协同创新发展的战略规划在国防会议或安全保障会议上进行最终的审批和决策,但其决策一般通过防卫省落实,包括在自卫队防卫出动时有权征用和管理有关设施、土地、物资及采取其他强制措施。

日本还建立了政、军、民相结合的三位一体的武器装备组织管理体系。日本政、军、民相结合的组织管理机构主要包括三部分:政府相关部门(经济产业省和国土交通厅等)、防卫省相关部门(装备设施本部和技术研究本部)、民间企业和行业团体。其中,政府相关部门负责武器装备宏观管理,决定国防科技工业发展与管理重大方针政策;防卫省根据相应法律法规和政策,以合同方式对武器装备生产和采购进行归口管理,对军内的科研工作进行计划管理,军方主抓武器装备发展规划、需求论证和采购,并反馈到政府宏观计划制订过程,实现武器装备需求纳入整个社会经济宏观调控;民间企业具体负责武器装备试制和生产,民间行业协会协助管理并指导企业进行生产,这意味着民间机构(如经团联防卫生产会、兵器工业协会等)代表国防科技工业的利益,既对国防科技工业进行管理,推动政策实施并维护国防科技工业的正常运行,同时又配合相关管理部门的宏观调节和管理工作。这一组织管理机构实现了军备研发以民间为主、军队为辅的体制建设。军事技术研究所的主要任务是进行基础性研究和性能指标确定、技术审查、质量检验、产品鉴定等,主要的研发任务则全部交由民间企业和地方院校、科研机构等承担。因此,高度集中的一元化管理体制与政、军、民相结合的决策运行机制是日本军地协同创新有效执行的关键。日本由总理大臣掌管国防事务,防卫省长官具体负责武器装备发展和采购计划的监督执行,这种高度集中的一元化管理体制同政、军、民相结合的决策运行机制相辅相成。

以色列自1948年以来,在长达半个多世纪的对立与冲突中积累了丰富的战争动员经验,形成了独具特色的全民皆兵的战争动员模式。在国家层面,以色列的最高军事决策权掌握在内阁和总理手中。以色列实行以总理为最高领导、内阁各部门分工负责的动员模式。其主要包括动员决策机构、执行机构和监督机构。动员决策机构为国防委员会。动员执行机构由内阁有关部门负责,执行最高决策机构下达的战争动员任务。动员监督机构主要由议会、内阁及司法部门组成。其中,议会对内阁及其所属各部门具有监督的职能,内阁对其各部门、各部门对其工作人员和公民具有监督权,司法部门对动员实行法律监督,惩罚一切违反战争动员的行为。1973年10月后,内阁中成立了一个部长级的国防委员会,委员会由总统、总理、国防部部长、外交部部长、内政部部长、交通与邮电部部长、财政部部长等组成,是国家名义上的最高军事决策机构。总理是委员会主席,实际上是最高决策者,是武装力量的最高统帅。决策的落实则由国防部相关部门负责。以色列的国防委员会执行三大职能:政策计划制定职能、监督推进职能和整体动员协调职能。国家层面制定的政策计划包括国防重大方针政策、国防工业发展规划、重大武器发展计划、军民两用技术发展计划等战略方针政策;国家层面主要监督推进军民两用技术的开发、应用、转移和产业化,国家还负责政府各相关部门工作的总体协调并开展下属组织的装备动员活动。

印度的军工企业都是国营企业,于1964年实行国防科研与生产的计划管理,建立了内阁、国防部以及军种与国防部各局的三级规划计划体制,内阁一级在2018年4月成立"国防计划委员会",负责向最高当局提出政策建议,审查国防年度计划执行情况和重要方案,包括制定国家军事与安全战略、监督并建设国防工业能力以及加速武器装备采办。人员包括参谋长委员会主席与两位副主席，以及国防部部长、外交部部长和财政部部长的秘书等。该委员会通过政策与战略、计划与能力发展、国防外交和国防工业制造等小组开展工作，旨在强化本国国防战略规划与军事能力发展的紧密衔接、简化武器装备采购流程、起草国家安全战略和规划，制定参与国际防务合作的路线图，明确武装部队能力建设优先发展方向，完善现有国防体系，一定程度上改变了印军发展"漫无目的"的情况。三军和国防部分别设立计划小组，负责本军种和各部门计划的制订和检查。国防部还设有"国防计划协调执行委员会"，具体负责审查和监督国防规划计划方案，帮助方案的协调与落实。直到20世纪90年代中期，印度政府确立"国防建设与国民经济并重，优先考虑国防需求"的方针，开始推行军地协同创新，才允许私营企业参与军品合同竞标。

二、国防部等部门层面的协调机制

在部门层面，美国主要由国防部负责科学和技术的副部长帮办、国防部高级研究计划局等在每10年左右的时间推出一个军民两用技术发展计划，从而将军地协同创新落到实处。美国国防部既是国防产品采购部门，又是国防工业政策的制定部门，有利于国防部通过政府采购，推动国防领域的标准化工作，满足政府采购需求，同时也促进国防工业能力提升。国防部还简化了审核采用民用标准的程序，规定自非政府标准的协调阶段参与其事，非政府标准一经国防部采纳，则该标准的修订版便自动被采纳。同时，国防部还积极建立同民用工业界的伙伴关系，鼓励了解军队需求，积极参与制定军用标准。

美国国防部高级研究计划局（DARPA）是美国国防部重大科技攻关项目的组织、协调、管理机构，以及军用高技术预研工作的技术管理部门，主要负责组织开展高新技术的研究、开发和应用。DARPA作为美国典型的军地协同创新推进机构，提供了良好的竞争模式和研发环境，建立了汇集政府、大学、研究所、企业等机构的信息交流平台，保证信息采集、信息公布、信息交流与处理的公开、公平，为公平竞争奠定了基础。DARPA的军民两用技术开发工作主要分为三类：

第一类优先满足国防需求,包括国防部采购及直接用于作战用途的产品开发等;第二类致力于满足商业需求,面向联邦政府、商业市场和其他机构等推动技术研发及产业化发展;第三类主要满足不确定需求,在项目实施过程中可能产生新的项目或向其他部门转移,包括其他政府机构技术借用、转向作战用途、国防部后续研究、技术融合、项目备用等。为实现国防工业机构的高效协同运行,美国在20世纪90年代先后成立了"技术转移办公室"和"国防技术转轨委员会"。前者牵头管理军民两用技术的转移,后者则专门指导与协调军民一体化改革的推行。具体而言,1991年,美国国防部在国防研究与工程署下设立"技术转移办公室",作为军民两用技术转移的牵头管理机构,负责与能源部、商务部等部门协调管理军民两用技术转移;1993年,美国成立跨部门的"国防技术转轨委员会",成员有陆海空军、商务部、能源部、NASA及国家科学基金会等单位,专门负责军民一体化改革指导与协调,同时还成立了军民一体化科技计划的专职管理机构,如国防部技术转移办公室、国防部高级研究计划局等;同年,国防部成立"技术转让办公室",负责国内技术转移计划,制定技术转移和两用技术政策。而国防部高级研究计划局是国防战略转轨计划的首要执行机构,负责军民两用技术基础研究和应用技术研究,既服务于军备研制,又负责开发民品技术,美国国防预算中设有专项经费供其使用。

美国政府在2014年发布《四年一度防务评审》报告,将创新作为国防战略的主线,同年推出以"创新驱动"为核心的第三次"抵消战略",美国政府在战略上重视利用创新技术推动军事力量的发展。美国国防部高级研究计划局作为重大科技攻关项目的管理机构和军用高技术研发的技术管理部门,自成立以来专注于高新技术的研究和应用,为了进一步加强与民用前沿技术的联系,"国防创新试验小组"应运而生。2015年美国国防部在硅谷设立了国防创新实验单元,2018年成为常设机构,更名为国防创新单元。成立的目的,是搭建将民用技术快速引入军队的桥梁,为军队充当先进民用技术的发现者、牵线者和投资者。对应其目标,下设3个小组:军民对接小组、技术转化小组、风险投资小组。在其2021财年报告中,曾经公开提到六大转化项目,其中包括安杜里尔(Anduril)公司的反无人机装置和 C3.ai 公司的模拟高超声速导弹弹道的生成建模。而这只是美国政府、军队和情报机构与硅谷的创投生态融合的冰山一角,此外例如:美国特别行动指挥部设立了 SOFwerx 创新中心,致力于将民用技术应用于美军的特种作战,其前任司令官 Tony Thomas 已加入拉克斯资本风险投资公司任合伙人;美国空军成立了 AFwerX 创新工厂,美国陆军成立了陆军应用实验室,通过合作开发基金、创业挑战赛等项目,推动创新技术在军队的快速部署和应用。为了让国防部的采购流程与创业公司快速迭代的特点相匹配,DARPA 和国防创新单元都被赋予使用"其他交易授权"(OTA)的权力。OTA 可免除政府机构需要遵守的大多数采购法规和条例,使 DARPA 和国防创新单元能够帮助那些很少与政府打交道的创新型公司,与国防部高效地沟通合作。美国国防部创立的制造创新研究所是"制造美国"倡议,即之前称为国家制造创新网络计划的一个重要组成部分,位于创新链的中间环节,是一种由美国国防部领导的面向产业的集研究、制造、创新于一体的新型军民技术联合体组织模式,实现了军事部门和民用部门的优势互补和深度交互,在此基础上形成了制造业创新生态系统的良好态势[44]。此外,第五代移动通信技术(5G)的迅速发展让美国认识到了其重要性,2019 年美国国防部国防创新委员会发布《5G 生态系统:美国国防部的风险和机遇》[45],分析了 5G 技术竞争发展态势及对美国国防部的影响,提出了美国国防部加强 5G 建设发展的启示建议。

俄罗斯预先研究基金会作为俄罗斯重大国防科技项目的组织、协调及管理机构,职能类似于 DARPA,由四大委员会共同管理,在相关条例中规定,总统具有对该机构的人员任免权。在组织结构方面,基金会管理委员会成员由基金会主席担任,行使具体的管理权,批准划拨投资项目的款项;科技委员会成员来自政府、企业、科研院所及院校等机构,为项目及项目方案提供咨询服务和建议,其中,监察委员会是俄罗斯预先研究基金会的最高管理机构,一般由 15 人组成,为国家和国防预先研究技术进行储备和协调。在资金方面,俄罗斯预先研究基金会的项目资金主要由俄罗斯政府承担,为保证每笔资金的合理使用，还成立了审计委员会，由200余名科学、金融、生产等领域的专家组成，建立了完善的资金分配和管理制度，使每笔项目资金的分配和使用更加公开、透明。此外，俄罗斯的后勤保障体系值得发展中国家学习。俄罗斯后勤部门隶属国家总统，经过俄军改革后，撤销了非军事职能的后勤机构，逐步拓宽后勤保障军地协同创新的范围。

欧盟的职能机构主要发挥组织协调作用，体现为国防部集国防科研、武器装备采购与国防工业管理的职能于一体。具体而言，国防部通过下属众多职能部门对军内科研机构、装备建设和国防工业发展实施统一管理，履行政府行政管理与军队建设管理职能，保证了军队建设与政府其他部门的有机衔接。国防部的主要协调职能有：统管科研与装备采办的核心机构（武器装备总署），负责制定武器装备发展的长远规划，研究制定并组织实施与武器装备发展相协调的国防工业与技术发展战略，组织武器装备和国防工业的国际合作，对武器装备规划、计划、预先研究、研制、采购、使用保障以及出口实行统一管理；集中力量发展科研，逐步建成具有综合配套能力的高科技开发体系；国防部下属国防工业委员会和国防工业管理部门负责制定军民联合工作指导方针，保证国防采办与国防工业管理的有机融合，下设执行机构负责同政府其他部门及工业界团体的协调，处理国防部与工业界共同关心的事务，组织由政府和工业界代表参加的国防工业形势和对策研讨会，开展军民合作活动；国防部还通过颁布政策性文件建立相对健全的军地协同创新法规体系，重视政府规范性文件对军地协同创新的推动作用，并致力于在经济与财政部、工业与外贸部以及交通运输与住房部等部门之间开展密切有机的合作，将国防政策融入社会民生政策中，实现对军地协同创新计划的管理。比利时平时由国防大臣领导武装力量，国防部是军队的领导机关，战时由内阁首相指挥，总参谋长行使军事指挥权。意大利以国防部为首，组成国防参谋长和国防秘书长，分别主管军事和后勤的双轨制，国防参谋长和陆、海、空军参谋部为作战指挥机构。丹麦则设国防大臣、国防司令、国防参谋长，国防司令是平时武装部队最高指挥官。芬兰设国防部部长，以协助总理负责民政方面的国防活动，又设国防司令，负责军事方面的国防活动。瑞典的三军总司令主要负责军队作战指挥，是其最高军事指挥官，直接对政府负责。希腊设武装力量总司令，三军司令设于总司令之下，同时设国防部，负责国防行政。

1949年5月，日本经济产业省成立，隶属日本中央政府的直属省厅，前身是通商产业省。经济产业省是管理、协调军工生产的职能机构，负责有关国防工业发展与管理的重大方针政策。日本《装备制造法》规定，任何从事修理或装备生产的企业都必须获得经济产业省的许可证。在政府部门层面日本还设立防卫省通过合同方式主导装备建设和军民协调，通过合同方式实施装备科研与采购计划。其中下设技术研究本部负责管理武器装备的技术调研、研发和试验评估等工作；装备设施本部负责武器装备采购和维修保障；装备审议会负责审查武器装备和军事技术的发展方针、规划计划、重大项目等事项，在国防工业事宜中起决策支持作用。日本防卫省下属的技术研究本部是国防科研的管理机构和唯一的军方科研中心，采购合同本部是日本自卫队唯一负责采购工作的执行部门，它们直接对防卫相负责。这种高度集中的一元化管理体制是日本军民结合、寓军于民发展的一大特点。日本军地协同创新法规建设规范了清晰的军地协同创新活动主体、职权权限及其相互之间的转化。经过这种由上到下的多方协商最终形成的计划和决议往往能得到政、军、民三方面的一致同意，并能协调一致地采取行动，促进相关政策有效落到实处。此外，日本特别强调国防、军政部门之间跨部门的协同合作，为此还专门成立"技术转移办公室"和"国防技术转轨委员会"等权威机构，负责从国家战略层面协调推进军地协同创新发展。为统筹协调科技创新，2021年，日本持续深化调整科技创新部门机构，为各方资源统筹协调提供体制支撑，同年4月，日本新设"科学技术创新推进事务局"，从国家战略高度强化横跨文部省、防卫省等多部门的统筹协调，主导科技创新政策落地、落实，突出政府在科技创新体系的指挥中枢职能。

以色列在政府部门层面实施后勤与装备合一的保障体制，由国防部统一负责和调度相关军地协同创新工作，具体负责军事行政和技术业务两大方面的协调工作，通过这两大方面的协调工作实现政府、军队和民间组织之间的连接。其中，军事行政方面包括军队动员、国防预算制定、军队规章制度颁布等，而技术业务方面主要涉及军工科研、生产与采购方面的协调。国防部作为以色列最高军事行政机关，负责颁布军事规章制度、国防预算、军事动员、国防科研生产等军事行政管理和技术服务内容。主要业务管理部门是研究发展局与采购和生产局。研究发展局负责管理武器和装备发展、拟定发展项目和全面的战术与技术指标、提出经济要求、制定军民双重用途的技术计划和项目。采购和生产局则负责管理武器与设备的采购和生产。国防部下设的财政局、对外军援与军品出口局、国防出口管理局、人事局、项目管理局主要负责国防科技工业的财务、预算、出口、人力资源调配，以及项目管理等工作。除国防部外，原子能委员会主要负责发展和生产核武器，而航天局主要负责管理国家的航天计划、制定航天发展政策、资助并指导航天工业的发展和航天活动等[40]。

印度国家发展委员会授权计划委员会主席审查经济发展规划和国防建设两方面的需求，力求使二者得以兼顾。国防部也成立计划室，负责处理与经济发展计划相关的问题，使国防发展与经济发展尤其是工业发展协调起来。印度政府提出，由于五年计划不能满足国防需求，因此进一步制定国防工业发展长远规划，从制度和技术方法上保证了国防与经济的同步增长。自2019年5月以来，印度正式成立隶属国防部联合国防参谋部的国防空间局、国防网络局、特种作战局，旨在统筹推进各军种相关力量建设。其中，国防网络局和国防空间局负责提升印军应对网络和空间威胁的能力，特种作战局负责统一指挥和控制印度三军和其他部队所属特种作战力量。同年11月，印度整合国防科技部门并成立工作组，这个工作组名为"国防研究与发展组织－学术界互动引领未来科技"，由印度理工学院德里分校校长任主席，成员还包括印度科学研究所、海得拉巴大学等机构的负责人，以及国防研究与发展组织的高级官员。工作组成立的目的是促进印度国内顶尖科研机构参与研发未来国防科技，推动军地协同科技创新。2021年6月7日，印度国防部发布报告《2020年的20项改革》，该报告指出任命首任国防参谋长（CDS）并创建军事事务部（DMA）是印度政府做出的重大决策之一。新设国防参谋长职位，目的是使武装部队提高工作效率和促进彼此协调、减少重复，建立军事事务部则旨在确保军地协同。国防参谋长成为内阁和国防部部长的首席军事顾问，负责协调三军的发展规划、预算编制、装备采购、人员培训和后勤保障，但没有军事指挥权，也不能对三军参谋长下达直接命令。此举表明，印度正着力解决"军政不一""三军不调"的国防和军队领导体制弊端，推动联合指挥体系建设。

三、企业及基层机构组织层面的协调机制

2021年3月，美国国防部宣布了小企业计划办公室与国家安全创新网络协议备忘录，该协议的目标包括在国家技术和工业基地开展活动和项目合作，以吸引小企业参与，增加商业技术应用。近年来，美国国防企业又有了新发展。一是普遍采取军民兼营的发展模式，将军品和其他民用产品相结合，积极运用军品技术的优势，力争开发出融汇高技术成果的丰富多样的民品，以挖掘国防产业的潜能。这样，不但可使公司的核心技术得以保持，设施和技术人才可以内部调整和消化，而且可以分散风险、效益互补。二是政府进一步加大支持力度，以促进军用生产与民用生产的协调一致，如由国防部提供资金，加强工厂的现代化改造，以求生产在同一工厂、同一生产线，甚至同一机床上，既能制造军用飞机，又能制造民用飞机的主要结构部件。三是严格按照国防惯例、规范和标准，组织武器装备的研究、发展和生产。全球安全形势的变化导致全球军费开支出现停滞，国防投入减少带来了军工订货量的下降，不足以维持企业的增量发展，加之过高的军事研发成本要求军事工业更多地与民用领域合作等因素叠加，导致军工企业不断加强军民业务互补，很多军工企业积极向安防、能源和环境等新业务领域转型。如为了降低成本，美国波音公司防务分部提出了"一个波音"的战略，内容包括整合制造战略、军民供应链等，从顶层上强调了波音公司将商用飞机业务和防务业务融合在一起的重要性。在该战略的引领下，KC-45A加油机的制造要求尽可能利用商用飞机分部的研制能力。著名的联合技术公司在军地协同方面的表现总结为

以下几点：采用一体化管理体系，军品和民品管理上高度融合，不设立专门的、分割的军品和民品组织；军品、民品的分工管理严格遵循资源充分利用的原则；公司业务从以传统的产品导向为主向以客户需求导向为主的综合解决方案服务转变；业务经营采用专业化运作方式，无论军品还是民品的商业运作均以专业化程度来划分；企业组织运作方面，军品和民品的管理主要是基于组织业绩最大化的原则进行。

欧盟的行业协会主要起到桥梁和纽带作用。各行业大企业通过牵头组织成立相关行业协会的方式，促进行业内军工企业交流合作，与国防部相关部门联系紧密，在军方和企业间建立沟通渠道。

有三种非官方力量与日本政府、军方以及军工企业联系密切，在国防工业的发展中发挥了"推波助澜"的作用。第一种力量是日本在民间企业和行业团体层面，兵器工业会、经团联军工生产委员会等民间军工中介组织在政府和企业之间沟通情况协调关系；民间工业行业协会作为防卫省和民间企业的桥梁参与军地协同创新协调。政府重视发挥民间机构的作用，通过邀请民间机构代表聚会研讨或撰写专题报告的方式为国防军备发展建言献策。作为民间防卫产业界代表的防卫生产委员会等民间组织通过恳谈会、联谊会等形式同日本政府和决策人员进行协商面谈，并以建议书等形式提出决策咨询建议。这些建议连同政府部门的意见以及由防卫省长官所代表的军方意见在内阁会议上进一步协调，最后再正式提交安全保障会议进行审议和决策。第二种力量来自"新国防组"，他们是日本一些没有经过战争创伤的新生代政治家，是左右日本政局不可忽视的力量。第三种力量来自"军事－工业综合体"。日本军工企业每年都要接受一些退役的上校级以上的军官担任要职。大企业均设有专门的军工生产机构，如日立制作设有"军事技术推进本部"，日立造船设有"舰艇武器本部"，住友重工设有"军事工业综合室"。这些人员与机构利用自身的影响负责与防卫省进行联系和协调，对军工订货、防务采购决策施加影响。此外，由于促进创新产出的成效不足，2021年，日本政府对中小企业创新创造推进事业（SBIR）制度进行大幅改革，更进一步激励初创企业提高研发创新能力，激发社会革新创造活力。新制度采用更为灵活的促进研究成果转移转化的合同制度，从技术萌芽期到产业化落地为中小企业提供强有力支撑。自 2021 年起，安全保障技术研究制度被指定为 SBIR 制度经费补助的对象，推动中小企业创新能力引入国防科技领域。

以色列在企业及基层机构组织层面上，实现的是具体的产品技术研制、试验和生产任务，以及提供与军备后勤相关的社会资源，执行军备后勤保障职能。在协调上，以色列采取加强与民间企业各方面密切合作、军方合署办公、派驻基层常驻联络人员、相关基层人员纳入军方编制并直接接受军方培训管理的措施，实现军地协同创新的协调。此外，以色列还制定了一系列相关法规，严格规范军地双方行为，从而保证了军地协同创新的顺利进行。

4.1.2 需求对接机制

需求对接机制涵盖研究提出、分析论证、归口上报、综合平衡、审核确定、落实反馈的全过程，是对军民之间国防需求与国防供给相互关系的具体反映，其建立与完善具有重要意义。通过梳理典型国家和地区军地协同创新需求现状，明确我国军民需求对接的主要方面和对接方式，推进国防建设与经济社会发展在更广范围、更高层次、更深程度上融合。

一、美国

美国对军事工业中的每个部门展开分析，使每个部门可能的军事需求尽量同现有企业的能力相适应。与此同时，1994 年 6 月美国国防部对其长期执行的 31000 个军用规范进行了重大调整。这些规范在过去严格规定了军用产品和装备的试验制造标准，给民用企业进入军工市场造成了诸多阻碍。这种军事技术标准的弱化，降低了民营企业参与军工生产的门槛。美国国防部还规定：只有当民用标准不能满足军事需求的时候，经过采办当局的许可后，才能采用军用标准。

在需求对接方面，美国主要采取以下措施：一是通过建立社交网络、信息平台和举办会议等途径，采用信息发布、征集方案、研讨交流等方式，最大限度地扩大军地双方的信息交流沟通，有效克服军民双方信息交流渠道不顺畅、信息不共享等问题，为国防科技与武器装备军民一体化发展提供强有力的信息保障[46]。美国建有商业机遇网、各军种采办网、国防部创新市场网和技术转移网等多个门户网站，发布相关装备采办需求和国防预研需求信息，也为军方发现、捕获和寻找潜在的技术、产品和企业提供信息平台。美国国防部2020年7月新版指令《国防部独立研发监管政策》（DoD D 3204.01）明确："国防创新市场"网络平台将为科技研发参与者提供国防部研发投资优先事项信息，主要功能包括：军方向企业发布信息，包括国防科技战略文件、科技信息动态、研发计划等，满足企业适时快速获取国防科技信息的需要；企业向军方进行信息推送，包括各类技术与产品信息，便于军方了解当前民用技术水平，寻求具备发展潜力的技术与产品；通过设立军民交流社区，建立有效促进机制，鼓励军地技术分享、交流、投资与研发合作。二是军品市场准入审查快捷便利。美国建立了统一的"授予管理系统"平台，成为美国最大的收集、验证、存储和管理承包商数据的信息系统。承包商可自愿在该平台就企业总体情况、主营业务、资金实力、组织管理等信息进行注册。注册程序非常简便，一般3~5天就会通过审核。另外，美国军品市场准入审查制度快捷便利，对于传统的国防承包商承担新项目，主要通过国防部和各军种建立的以往业绩信息检索系统进行"一事一审"；对于非传统承包商，需要经过对承包商资质等相关资料进行严格审核。列入合格制造商名录和合格产品名录的企业，在装备采办中享有一定优先权。建立竞争保护机制和激励机制，即以竞争招标的方式采购各类军品，以签订激励性合同的方式调动承包商在产品质量、完成进度、成本控制等方面的积极性。美国国防部竞争性采办比例较高，基本维持在60%左右。在重要科研生产领域扶持一定数量的承制单位，有意识地培育竞争对手。

同时，美国国防部高级研究计划局（DARPA）和美国各军兵种均设有专门机构，负责军事需求发布，并建立了动态发布军事需求制度。按照军用信息资源共享的原则和规定，有条件地逐步公开军用信息源，增强民用企业参与完成军事需求任务的主动性。

二、俄罗斯

俄罗斯在推动国防工业军转民的过程中，还十分注重发挥市场机制牵引作用，引导国内军工企业转向有利可图的国际民用市场，积极利用自身优势转产具有国际竞争力的民品，努力在国际市场谋求发展。俄罗斯通过促进军民通用标准化工作，将军用标准化作为国家标准化工作的一部分并且大力发展军民两用技术来刺激军地协同创新需求的生成。具体来说，俄罗斯在军备领域大量使用军民通用的国家级标准以及先进国民标准，且大量使用行业级标准，使军备所使用的大量标准由工业部门维护管理，通过军用标准化和民用标准化的紧密联系为需求对接创造前提；此外，俄罗斯举国家之力重点建设军民公用基础设施，有利于标准化水平随国家整体技术的进步而提高。俄罗斯政府通过大力发展军民两用技术，扫清军工生产与民品生产融合的技术障碍，要求在维持高技术军事装备的研制能力、保持军品国际领先地位的同时，最大限度地利用生产及科技潜力满足国内对民品的需求，组织研制和批量生产具有高科技含量和竞争力的民用产品，并积极拓展国际合作空间，通过寻求国际合作来实现需求对接和军民两用技术增值。

同时，俄罗斯许多航天企业还利用先进的材料和技术开展多元化经营，开发生产了多种非航天领域产品。其业务涉及消防、运输、建筑、石油加工、采矿、能源、医疗设备等行业领域。2010年制定的《俄罗斯联邦2020年前国防工业发展政策》强调，重视国防工业创新发展，加强国防工业科研生产联合体在国家经济创新中的作用，借助军民两用技术实现生产的多元化；加强对知识活动成果的保护，制定激励国防工业开展技术商业化、促进军民经济领域之间技术相互转让的机制，扩大国防工业机构在技术、高科技产品与服务市场上的战略性影响。

俄罗斯一方面以市场为导向，将竞争作为国防订货的基本手段，通过制定各类法律法规，要求实行最大化公开竞争。坚定地实行"国防订货制"。国防部向军工企业采办军品时，实行竞标制，让多家企业进行公平竞争，并引进激励机制，对完成国防订货任务好的军工企业施行一定程度的免税政策和其他优惠政策，由计划经济条件下的"供给制"转变成市场经济条件下的"订货制"。竞争和激励机制的引入不仅调动了军工企业的积极性，更重要的是增加了国防部门选择的灵活性和余地。具体来说，俄罗斯通过立法明确要求按照单一来源采购并公开采购分类，通过招标竞争落实国防订货任务，俄罗斯将竞争作为国防订货的基础手段。通过制定各类法律法规，要求实行最大化、公开化竞争。《俄罗斯联邦国家国防订货法》，明确要求按照单一来源公开采购分类，通过招标竞争落实国防订货任务。目前，除核武器总体、火炸药等高度机密、专用和需要国家严格控制的装备研制生产外，其他领域均向全社会开放。俄罗斯还通过推进反垄断工作，保护国防工业领域的市场竞争态势，通过修订《保护竞争法》，细化保护竞争、反垄断和反不正当竞争的具体要求，并加强各类企业质量监管。

另一方面，俄罗斯积极推行军工企业股份制、私有化。俄罗斯对军工企业推行集团化、专业化，在形式多样化的同时军工企业也展示出更灵活、更快捷地适应市场和军队的双重需要。企业所有制形式变为国有制、国有制与股份制相结合、股份制多种形式，俄罗斯军事能源保障绝大多数来自地方性采购，以国防部为总订货人组织实施高度计划性集中采购，合同签订虽不如美军普遍而频繁，但其军事能源储备军地协同创新性更强，并高度融入国家能源储备体系，军队也充分利用国家、地方等各类储备设施储存军事能源。

三、欧盟

欧盟国家，特别是法国、英国等国家通过加快推进国有军工科研机构及军工企业私有化进程，不仅面向欧洲地区降低了国防工业进入门槛，而且面向全球有针对性地降低了国防工业进入门槛度，从而提高了国防工业军地协同创新发展国际化程度。从需求产生方和需求生成来源来看，海、陆、空三军不设科研生产管理机构，但同武器装备总署保持密切联系，参与武器装备的规划计划、试验鉴定、维修保障工作。国防科研生产任务由武器装备总署下属企业、试验鉴定机构和军外军工企业承担，武器总署参与领导和管理工作。2007年，英国国防部《创新战略》提出了实施创新战略的五大支柱，包括：用需求引导创新以有效集成来自各方面的技术，改进商务模式，利用各方力量，尤其是中小企业力量促进创新，加快创新速度，加速各方力量的使用和技术成果的应用。德国国防部尽量采用民用标准和产品，节约军费开支，解决发展武器装备与财政力量有限的矛盾。德国装备部门现已普遍认识到，不应该追求技术上的最佳方案，发展最好、最先进的武器，而应发展经济上可承受、技术上可行的武器。

在对接流程中，欧盟国家首先通过一系列政策的出台，为清除军地协同创新中需求对接的障碍和壁垒提供制度保障。具体来说，这些政策措施包括：第一，废除大量军用标准，提高民用标准和性能规范在国防部标准化文件中的比例，降低民营企业准入门槛；第二，政府提倡多利用现有民用技术发展军用信息化武器装备，规定承包商在不影响军事需求的情况下优先使用民用标准，只有在民用标准不能满足军事需求时，才可使用军用标准，且必须得到批准；第三，法律规定武器装备的总承包商在承包国防任务后，必须让中小企业参与竞争，利用竞争手段向分包商分配军工订货任务，以法规形式保护中小型企业参与国防科研任务；第四，在军民两用型企业中推行单一标准、质量体系，使军用民用产品的质量体系和工艺规程合二为一，以降低研制生产成本，充分发挥承包商的积极性和创新能力；第五，对于同一工厂同时开展军品和民品生产，除国家安全方面的限制和军用规范外，不设置法律条例和会计制度上的障碍。其次在供给需求方面，国家进行宏观控制，由市场决定军工产量，使军工企业在签订合同、武器价格和出口等方面拥有更多自由，并强力推行竞争性军事采办，通过竞争推动国防工业基础能力建设，调动社会各方面的资源参与军工科研。最后政府建立与中小企业的联系机制，及时向它们通报军品发展计划，提供参与机会、技术支援和设备保障，并为中小企业保留一定的采办计划，确保中小企业获得军品科研项目，使更多的民用科研部门承担国防科研工作，并将一定比例的政府国防预研工作作为"军外研究"转包给工业界和学术界，吸引地方大学和优秀民营科研机构参与国防预研，从而在对接流程上加强政府和社会的密切合作。例如，2012年2月1日，英国国防部发布了题为《通过技术保障国家安全》的防务与安全工业政策白皮书，明确提出国防科技发展应充分利用民用领域的先进技术和创新应用。英国在装备采办中，在不影响军事需求的情况下，鼓励承包商优先使用民用标准，同时在亦军亦民企业中推行单一标准规范、质量体系，使军用民用产品的质量体系和工艺规程合二为一。法国国防部也指出，只要能满足军事需求，就应更多地使用按商用规范生产的民品。德国在制订武器装备计划之初，就主动吸收民用部门的参与，德国国防部年度计划就是由总装备部各业务局、军种局、国防技术采办总署和工业界一起合作制订的。

四、日本

日本政府利用市场机制进行招标订货。日本采取具体措施发挥中小企业的作用，消除中小企业参与国防及军工工业建设的障碍。例如，1990年，日本颁布《中小企业开拓新领域协调法》，要求对军品产值在企业销售额中占比较大、拥有自主独特技术的中小企业尽量做到分散订货，使中小企业有更多的机会获得军品订货，形成合理有序的竞争。军方全部武器装备的生产均以合同方式承包给民营企业完成，从而形成以军方通过采购合同调控民营企业的武器装备生产体系。军队仅负责根据武器装备筹办规划和计划，利用价格竞争原则选择生产企业，通过招标订货方式从民营军工企业采购。大量装备物资直接通过民用市场采购，为降低成本和提高采购效率，政府通过降低军队的特殊要求和简化相关手续（如修订军用规格和说明书），扩大民用品采购和加强民用技术的利用，实现需求和供给的对接。在招标订货时，军方又根据所采购军品的特点，分别采用一般竞争、指名竞争和自由价格竞争等多种合同方式，通过这些合同方式分配采购任务指标，组织审查验收，控制民营企业武器装备的试制和生产。民营企业则根据合同要求，承担日本武器装备的全部生产任务。与此同时，日本还着力实现军民兼顾、互利双赢，对于涉军的民间公司企业、机关院校等，军方均按照市场规律办事，使其在为军队提供服务和保障过程中不仅有利可图、有钱可赚，而且在政策上享受一定的优惠待遇，具体措施包括派遣退役高级军官到企业担任要职，加强与企业的联系；经常保持必要数量的军事订货并保证军品生产的利润，以吸引和鼓励民间企业从事军品生产；军品生产尽量分配给多家企业，防止形成少数企业垄断军工生产的局面。

五、以色列

以色列军事高新技术推动了整个国防工业的发展，形成了较强的军事实力，同时使该国冶金、电子、材料、制造工艺、生物等众多领域的民用产业在国际上占据了一席之地。以色列以部队军方需求为起点，首先由军方各战区司令部负责提出需求，由国防部下属的武器系统部门和技术局完成科研项目确定、顺序安排、科研项目可行性论证工作，并统一组织招标选择地方合作伙伴与社会承研单位进行军品研制。在这一过程中，国防部下属技术局起了民间科技企业、地方院校和专业科研机构之间的纽带作用，负责沟通具体技术需求、开展采购招标工作、按合同划拨经费、进行研发过程监控、测试评估和质量检查等，最后由部队使用并反馈科研成果。这一对接过程的特点为，军方只负责提出需求，由政府职能部门统一进行企业和民间组织的对接工作，并通过一系列技术把关工作确保需求供给均衡；军方和政府部门不下设专门的科研单位，只执行论证勤务需求、提出科研项目、监控科研活动、测试科研产品等具体的管理部门职能。此外，政府有条件地支持军工企业收购民用企业，分散经营风险，并允许民营企业进入准军用市场，在部分行业实现"民参军"。以色列政府也非常注重营造一个公平的国防竞争市场环境，积极鼓励国有企业与私营企业平等参与武器装备的项目竞争，这一做法不仅使以色列的国有企业保持了极强的竞争力，而且带动了一大批私营企业的高速发展，通过吸收、消化和创新，加快技术成果转化，增强自主生产的能力。

六、印度

目前，印度政府已经改变了过去对军工企业一包到底的做法，采取计划与市场并重、突出市场调节作用的做法，对经营不善的军工企业实行股份制改造，对于效益低下、运营状况不好的军工企业实行兼并重组以至拍卖给私人经营。国防部明确规定：如果私营企业已具备某种军工生产能力，就不再在国有军工企业中重建这种能力。这些举措，节约了部分国防资源。首先，印度积极促进产业互动，放宽国家对国防工业的保护政策，从而推进军民产业渗透。一方面，印度由政府推动，积极把军工企业推向市场参与竞争，并制订了将低技术项目分阶段向民用企业转产的产业渗透计划，并鼓励军工企业挖掘现有人员、设备和技术潜力，生产民用产品，提高产品通用性；另一方面，印度鼓励私营企业投资国防领域，在国防产品研发生产与供应上开展竞争合作。其次，通过国防公营企业与民用小型企业联合开发的形式，发展进口武器装备零部件的替代与国产化，并通过向民用小型企业招标，提供资金、原料和技术援助等方式，深入挖掘民用小型企业的潜力，并加强民用小型企业及私营企业的国防生产能力。最后，印度政府积极采取以民用项目为先导，技术成熟后再转入军事应用的方针，动员民用部门的技术和生产力量来满足军方需求，同时令军事建设取得良好的经济效益。

军地协同创新不仅在一国内进行对接，同时也在国际层面进行对接，一些国家主动面向国际市场拓展多种经营业务。冷战结束后，为了缓解军工产能过剩压力，在世界范围内兴起了国防工业跨国开展军地协同创新式科研生产合作的潮流。这种合作既有不同国家国防工业之间或国防工业与民用工业之间的军品科研生产合作，也有不同国家国防工业之间和国防工业与民用工业之间的民品科研生产合作。国外纷纷调整军工产业发展战略和政策，着力调整和优化军工产业结构，突出对有助于夺取现代信息化战争优势的新兴产业，特别是航天、新一代信息技术、智能制造、新能源、新材料等战略性新兴产业的倾斜发展，并以此引领国防工业军地协同创新发展的国际化。

为了更好地利用国际先进技术为本国军工服务，美国不仅面向欧洲国家、日本、澳大利亚等传统盟国降低了军工的进入门槛，而且面向印度、东欧等一些非传统盟国降低军工的进入门槛，使美国军工企业有机会同国外军工和民用领域企业进行更广泛的技术和生产合作。日本于 2012 年发布《构筑日本国防工业生存战略》，提出重视军民技术通用性，实现国防与民用技术之间各要素的相辅相成，探索进行国际联合研制与生产，如美国和日本航空企业与研究所成立制造技术联盟等。

1994 年，法国、英国、意大利制订的共同注资 120 亿美元联合研制"欧洲护卫舰"合作计划，以及英国、德国、西班牙、意大利制订的准备共同注资 500 亿美元联合研制"欧洲战斗机"的合作计划，是典型的欧洲区域内发达国家之间的国际交流和合作。由于参与研制生产"欧洲护卫舰""欧洲战斗机"合作项目的企业，既有军工企业，也有民用企业，因而这种区域内的军品科研生产交流合作具有军地协同创新性质。

1992 年，印度分别与俄罗斯、英国签署军事技术合作协议，由俄罗斯、英国同印度合资建立军工厂，主要生产战斗机、坦克、装甲车等，其中参与的合作企业，既包括军工企业，也包括民用企业，生产的产品不仅供合作方使用，而且出口到其他国家，这种交流合作不仅促进发达国家与发展中国家、前资本主义国家集团与前社会主义国家集团之间的合作，而且具有典型的军地协同创新属性。

4.1.3 资源共享机制

一、共享主体

军地协同创新共享主体通常为政府、军队、军地协同创新型企业、中介机构等。

在欧洲，国防部与工业界、科研机构加强合作，本着费用分摊、风险共担的原则，制订一系列军民两用技术产业化发展计划，实现独立研制、合作生产与直接引进相结合。具体体现为：欧洲国家积极推动军工企业的改革重组，使得军工科研生产承包商以私营企业为主体，中小企业广泛参与军工科研生产，形成以私营企业为主体的国防工业基础，着重强调中小企业作用的发挥，面向广泛的工业基础领域，建立开放式的产学研结合的研究机构,采用民用现货产品,大力鼓励发挥中小企业在国防中的作用;政府组建军用技术转民用的私有化国防技术公司,由国防科研机构向该公司派驻专职雇员,以确定可以向民间推广的军事技术;国有军工企业实施市场化改革,将军工企业进一步推向市场,减少国家控股份额,提高私有化程度,优先发展军民两用技术来加强研究和技术开发;将地方工业部门和大学作为两用技术开发的主体,采用与私营科研机构共同投资的方式,组建国防技术中心。例如,法国在20世纪60年代初,就着手改革国防工业投资体制,投资民营企业,培植其研发与生产军品的能力和积极性,形成了一整套民营企业研发和生产军品的政策制度。德国制定了《联邦德国订货任务分配原则》,明确规定了中小型企业在国防科研中也能参与竞争。

日本军地协同创新的主体主要包括两大方面。第一,在国防科技、军品和武器装备方面,日本主要依靠民间企业来发展国防科技和武器装备,大部分武器装备的研制任务由民间企业承担和实施。通过出台一系列政策法规促进国防军工领域的军地协同创新,发展军民两用技术,达到减少国家投资风险、降低武器装备成本、稳定发展军工企业的目的。第二,在军备后勤保障方面,日本借助地方力量成立专为军队提供服务和保障的支援机构,以取代军队建制内相应的业务机构,以有偿形式承担军队的后勤保障业务和地方的公共事业、企业的服务性业务,战时根据征召命令直接编入军队执行后勤保障任务。日本政府也十分注重让有军工生产能力的民间企业来参与武器装备的科研生产,不仅向各型企业敞开军品市场,还在军品订货中既注意各企业间的均衡发展,又注意重点保护生产尖端技术和重要装备的企业。目前,日本有资格接受军品订货的企业已达2000余家,基本形成了一个技术先进、门类齐全、潜力巨大的军事科研生产体系。

以色列在共享主体方面,首先,通过部分国有军工企业的私营化改革,让军方充当发展先锋,使军事科技人才直接为地方民间公司所用,充分发挥军事部门所掌握的国防科技的资源优势,实现人才和资源的合理配置,促进国防工业发展与军民两用企业以及民生企业的有机成长。其次，政府、政党与商业公司通过出资建立智囊团的形式，与大学或学术机构开展产学研合作，为军队的安全情报部门和军事技术部门提供智力支持。最后，军队和国防军总参谋部通过与民间科学技术行业进行合作，获得服务和产品上的支持，同时起到以色列高科技产品与技术创新的扩散功能。民间企业借助军方平台，实现产品、技术和服务的推广和普及，从而获得更广阔的社会层面上的经济效益。

在主体共享方面，印度主动挖掘民用潜力。随着高新技术的迅猛发展，现代社会中有大量科技成果首先应用于民用项目，尤其是在计算机、微电子等技术领域，民用部门在技术进步方面更是起着推动作用。为此，印度政府积极采取以民用项目为先导，技术成熟后再转入军事应用的方针，充分挖掘民用部门在人力、物力和技术资源方面的潜力，不仅使军事建设取得了良好的经济效益，而且提高了整个国家的经济技术水平。

二、共享内容

共享内容主要分为政策法规、技术、成果、人才、信息、资本六个方面。

美国政府认为，军地协同创新是一个系统工程，事关国家和军队的大事，涉及面广、程序复杂，体现国家意志，必须有一整套法律法规作保障。为了推进军地协同创新的顺利进行，美国政府出台了一系列政策、法律、法规，制定了一系列制度性措施，形成了完备的军地协同创新法律机制，促进了军地协同创新的良性健康发展。要坚持以制度建设为根本，通过健全法规和制度。逐步形成相互配套、约束有力的双向选择竞争机制、市场价值机制、合同制约机制、社会共享机制，使科技人才资源军民兼容开发工作有章可循、有法可依，推动科技人才资源在更高层次上实现军民兼容开发。法律机制方面要求法律详尽完善，投入渠道多元，做到分而不独、统而有度。

在技术方面，美国首先消除了军地协同创新发展的技术障碍，打破军地协同创新发展的技术标准壁垒。如打破国防工业与民用工业由于采用不同技术、不同规范标准、不同经营策略、不同生产方式等因素形成的壁垒，推进军用标准改革等。其次在消除技术障碍的基础上，推动技术相互转化、扩大共享基础，特别是鼓励具有较强活力的中小企业参与技术开发与转化过程。1995—2003年，美国先后通过鼓励成果转化应用、开发军民两用技术、实施小企业创新计划等途径，引导中小企业进入国防领域。最后美国着力加强军民互动和科研生产资源及基础的共享。经过之前相关政策和措施的推进，美国的军民一体化进展较为顺利，技术转移和成果转化已形成了较为顺畅的流程。因此，自2007年以来，美国逐步加强了对国防发展经济性的重视，强化了竞争意识和军民技术的合作，在相关实施领域进一步完善军地协同创新的相关政策，面向更广泛的国家科技基础进一步深度寻找适用的技术。2012年，美国发布《基础研究》报告，评估了美军的基础研究项目，明确了优先发展的6个基础研究领域，并建议未来进一步加大人才培养力度，加强对新兴科技的评估，指出在研发过程中，美国国防部应充分信任并应用非传统、非国防资源领域的科技创新成果。

在人才方面，美国采用多种手段促进科技人才跨界流动，借助全美科技力量加大国防科技人才培养。要求国防部各部门制订计划，并为有志在国防科研相关领域继续深造的研究生颁发奖学金，吸引优秀人才加入国防科研队伍，同时国防部还实施了信息技术交流项目，推动网络安全、大数据、商业服务、移动技术等领域的人才双向流动。在科研基础设施利用方面，美国通过征用、租赁、代管等手段，对大学和军内研究实验室的大型科研设施进行整合，实现军民共用，大大提高了军内外科研设施的利用率。近年来，美国军方与政府正在共同建设用于网络空间作战能力评估的"国家网电靶场"，以及用于存储、过滤、处理和分析海量网络数据的"高性能计算中心"。网络空间具有平战一体、军民一体等特点，美军网电作战部队吸收了大量来自民间的世界顶级计算机黑客、情报分析专家、计算机硬件及软件设计师等。

在信息共享方面，美国建立信息交流机制，即采用建立国防创新市场网站、美国国防部技术对接网站，以及会议交流、刊物发布等形式，实现军民技术、资源、数据和需求的共事对接。为了促进军地双方信息沟通交流，美国国防部构建了多种信息平台，其中国防科技领域最典型的是开通了"国防部创新市场"网站、美军将国防科学技术发展战略、国防部最新年度科学技术重点投资领域、重点科技领域发展路线图等信息都集成到了"国防部创新市场"网站。同时，该网站将"快速创新基金""工业基础创新基金""小企业商机""技术转移项目""独立研究开发基金"及国防部各部门和军种的项目信息，向世界范围进行发布，不仅实现了"军向民"信息的发布，而且提供了"民向军"的推荐渠道。

在资本共享方面，对美国国防科技工业的支持主要体现在以下三个方面。一是政府财政资金。美国的军事工业虽然是建立在私有制和市场经济基础之上的，但是美国政府通过国防预算支出的方式，将国家的资金投入国防科技工业，并通过军民一体化的传导机制，推动美国国防工业结构调整和相关高技术产业的发展。二是对中小高新企业的金融支持。美国政府设立了小企业管理局（SBA），授权其向中小企业提供贷款，对中小企业的经营管理进行指导，并为中小企业获得政府的订货合同提供帮助。美国高科技企业发展有很多受到了美国国防部订货的推动。三是发展风险投资基金。风险投资基金是一种以促进高科技产业发展，从而获得创新收益的资本。美国的风险投资一般不直接介入国防科技工业领域，但其对国防经济运行的基础性技术和产业支持作用日益显著。美国风险投资的产业结构主要集中在知识技术密集程度高的高科技产业，其投资的热点基本反映了科技发展的最新趋势。

俄罗斯政府积极吸纳俄科学院为国防基础研究服务，俄罗斯军事工业委员会与科学院共同拟定《俄罗斯联邦国防与安全基础和探索规划》，要求利用自身人才、设施、成果等方面的优势，为国防基础研究服务。几十年来，俄罗斯科学院在国防建设承担了大量国防基础研究工作，为装备建设作出了突出贡献。发挥自然科学等学科优势，服务装备建设，使各学科成果广泛应用于飞机制造、火箭技术、喷气技术等装备建设领域，尤其注重发挥数学的独特优势。同时将军用标准化系统根植于国家标准化系统。俄罗斯出台了《俄罗斯联邦标准化发展构想》，将军用化标准作为国家标准化工作的一部分，促进军民通用标准化工作，并且大量使用行业级标准，从而避免军用标准与国家标准间的重复，使装备所使用的大量标准由工业部门维护管理，有利于标准化水平随着国家整体技术的进步而提高。此外，俄罗斯利用其国防工业独一无二的生产和科研潜力，大量生产品质优良和富有竞争力的民用品。

欧洲国家制定法律加强国防基础与工业基础的一体化，强化防务技术与工业基础的一体化，以及颁布建设完善军地协同创新关键政策，如知识产权保护和利用等方面的政策。国家颁布的政策标准包括：第一，建立国防科学技术军转民的激励制度，为民营企业参与军品研制提供指导，促进工业部门作出有利于国防的投资决策；第二，制定知识产权政策，提供知识产权法律和实践指导，改革专利许可管理办法，鼓励向民用部门转让军事科研成果，并在保护国防部合法权益的前提下，充分调动私营承包商参与军工科研生产的积极性，促进军民两用技术成果的转化应用（2006年，英国颁布《国防部知识产权指南》，对国防研究开发过程中的知识产权归属问题作出了规定，国防部与承包商签订合同中产生的知识产权归承包商所有，政府使用承包商用于商业用途的成果，应当支付提成费）；第三，建立具体化国防合同管理制度，完善竞争机制，吸引民企参与全寿命采办，实现财政风险从国防部向供应商的转移，大力推行竞争性采购，尽可能采取招投标方式签订合同，重视承包商保障，推动预研项目竞争；第四，推进军用标准改革，消除军民技术壁垒，吸引更多企业参与军工科研生产。近年来，英国国防部先后出台了国防科技和创新战略、国家工业基础发展等战略规划，在这些规划中，都明确规定英国国防部应吸引世界范围内技术先进的民用部门参与国防工业的科研和生产。2012年2月1日，英国国防部发布了题为《通过技术保障国家安全》的防务与安全工业政策白皮书，明确提出国防科技发展应充分利用民用领域的先进技术和创新应用，与工业和学术界合作，加强技术利用，同时与英国的重要盟国合作开发和共享技术、共享资源、分散成本、降低风险。

在资金和物质资源方面，欧洲国家通过完善国防部和工业部门联合投资机制，最大限度提高科研经费效益，并推行基础设施军民标准一体化和民用资源征用制度；在政府拨款中增加对军民结合型尖端技术的投资比例，并通过国家向企业订购军品的方式换取企业为国家分担或承担研究费用的作用，使有限资源发挥最大的效用。在财政预算和企业预算出现困难的情况下，欧洲各国根据本国具体特点特别是战争形态变化规律和要求，对发展国防工业所需的投资进行了相应的调整，尽量使有限的经费投入最大限度地满足国家安全战略和军事战略的需要，通过减少装备采办数量、取消部分装备采办合同项目，把有限国防预算向发展军民两用技术和产品倾斜，并积极推动区域内合作与交流。在人才方面，欧洲国家政府在私有化分流科研人员的同时，为保持国防科研人员的团队数量和研发能力，加强发展研究院、科技企业和技术中心的关系，使之能够向国防部其他部门输送科技人员，调整人员补充规定以适应新的组织关系，并通过从工业部门、高校、其他政府部门和海外机构调入科研人员，调整国内研究生和专业人才的培养方式，培养更多的国防科研人才。国防科研人员队伍在国民经济建设和科技进步中占有主导地位，重点科研攻关项目采取军内外大协作的方式实施，实现军民结合、互为补充。在技术方面，欧洲国家重视基础研究和技术创新，加强国防科研部门与工业部门之间的合作，推动国防新技术成果向民用部门的推广，从而带动民用尖端技术的发展。

  首先，日本以宪法为基础在国家安全、军工科研、军事后勤等领域制定颁布了多项带有明显军地协同创新特点的法律法规，以期实现军事力量的隐性发展。这些法律法规具体包括：在国防军工领域，以国家的工业能力、技术能力为基础，鼓励采购本国生产的武器装备，最大限度利用民间企业的开发能力、技术能力，制定行业性扶持政策与法规，对涉及军事领域的行业从政策和资金上大力支持和援助；在军事后勤领域，建立物资保障社会化制度，提高物资的军民通用化水平；在国家安全领域，日本自卫队、警察、海上保安厅与地方政府密切合作，努力提高整体能力，共同完成防卫任务，法规的颁布实施促进了日本军地协同创新的发展和进步。其次，在资金共享上，日本制定了一系列配套的产业扶植政策，激励企业参与军工生产的积极性，在经济资助政策上，政府通过财政补贴和税收优惠，直接对技术创新项目提供经费支持，并实施"倾斜金融政策"。再次，在人才共享上，日本依托民间教育系统为军队培养人才，具体做法包括实行地方大学生贷款制度、从地方大学招募军官候补生、委托地方培训特殊专业技术人才等。最后，在信息和技术共享上，日本防卫省与经济产业省合作，一方面通过合同将部分装备科研任务下达给大学和民营企业等单位，另一方面下设研究所和先进技术推进中心，承担部分装备研发任务。防卫省注重对民间企业的引导和民间技术的利用，将某些军事技术无偿转让给民间企业使用，推进军用技术转民用；此外，先进技术推进中心还专设两名技术交流沟通官，负责协调军方、学术界和工业企业的技术交流和合作，促进民用技术转向军民两用，并通过网站公开装备研制和采办信息，为民间企业获取装备科研生产信息提供公开途径，从而实现军民两用技术的发展和军民技术的双向转移。2021年9月，日本防卫省在山口县岩国市新成立"舰艇装备研究所岩国海洋环境试验评估站"，利用模拟技术对装备可靠性进行各类试验评估，同时为促进民用领域的转化应用，力推高校和科研院所的研发合作及科技资源开放共享。在技术的顶层设计上，日本明确技术发展重点，充分利用军民两种资源推动国防科技发展。日本新能源产业技术综合开发机构（NEDO）也是一家类似于美国DARPA的机构，主要负责日本相关军民两用新技术研发的统筹、推进和推广应用等工作。由于日本在军工产品的研发与技术开发方面受到限制，因此，为满足国家安全方面的需求，日本形成了典型的"以民掩军"的军地协同创新发展模式：一是合作研究，即日本政府与大学和外部合作伙伴（包括商业企业、公共机构或非商业组织）合作研制生产军民两用技术与产品并共享成果；二是合同研究，日本政府与外部人员（包括企业、公共社团、非商业组织等）根据合同将具体项目提交给大学开展研究，研究的成果通常归大学所有。大学作为日本科技研发的主力，得到了日本政府的大力支持。日本法律规定，大学拥有政府资助创造的知识产权。

以色列主要实现了资金、技术、人才的共享。第一，在资金方面，政府部门和军队不仅投入了大量研发资金，用于发展尖端武器装备和培育精英科技部门，通过实质性投资促进向民营企业的技术溢出，还通过提供相应的税收优惠政策、开展项目进行资金扶持、立法鼓励初创期高科技公司投资行为等，满足了民间企业发展的资金需求。以色列还利用政府拨款形式和私人投资者共建风险投资基金，由私人投资者运作，为科技企业发展作出重大贡献。此外，军方和政府为国内公司企业的对外贸易扫清了障碍和不利因素，鼓励企业通过武器装备和军事技术出口，这有利于提高民营企业的经济收入；反过来，私营企业通过开展政府主导的军事项目，应用军方的知识、技术专利获得可观的经济收益，并通过有利的国际贸易条件大力发展出口，能够在资金方面为国家提供大量持续发展经费，为国家开展国防、军备和情报工作提供资金支持，从而反哺军方，满足军事上对资金的需求。以色列每年在军事和情报活动中产生巨额的经费，这些经费由从军事科技情报活动成果中获得更大收益的大公司和企业负担，由高科技公司向政府情报活动提供资金上的援助。第二，在技术方面，国防军通过将军用技术的使用权释放到民间，增加技术的适用性，满足企业在技术创新方面的发展需求。公司利用军方技术进行军事装备的革新升级，扩大军事科技成果的利用范围，在完成经济生产任务的前提下，通过开发有利于军队产品的方式来偿还来自军方的投资，反过来为军事情报部门提供技术支持，从而满足军方对技术的需求。第三，在人才方面，以色列军方为初创公司提供充沛的人力保障，具体表现为由退役官兵直接创建或加入民营企业，利用庞大的军事人才培养机构向创新领域输送优秀人才，并通过"战友会"提供"孵化"服务，由"战友会"成员自愿指导初创企业的人员，向企业家提供在部队所学的专业知识，支持民间公司的建立和发展；反过来，以色列实施的"全民皆兵"和强制兵役制，使得诸多高科技创新企业家、员工、技术人员、网络技术专家与高管拥有军事背景，从而能够为军方所用，通过企业为军事情报部门和部队提供技术支持和安全保障，并为政府军方人员创造特定的有利于执行国防任务的社会头衔。

印度积极开展自主创新，促进产业互动实现了技术方面的共享。一方面，政府把军工企业推向市场参与竞争。印度政府制订了将低技术项目分阶段向民用企业转产的产业渗透计划。印度还采取各种措施鼓励军工企业挖掘现有人员、设备及技术潜力，生产民用产品。另一方面，政府对私营企业在国防领域进行投资，并与供应企业开展竞争合作持鼓励态度。

三、共享模式

欧洲政府推进军地协同创新进程中的私有化改革，学习富有活力的商业企业模式和市场竞争制度。具体措施有：推行科研机构商业化管理，对国防科研任务采用商业化经营方式，由政府拨款改为贷款，允许自筹资金，实行自负盈亏，激发相关机构的竞争力；实施科研机构私有化改革，通过商业化的运营方式，对人才、资源进行合理配置；探索采办部门私营管理模式，计划将国防装备与保障总署的部分职能移交给私营公司运营，实现"政府所有、企业运营"的管理模式；建立军地协同创新的国防科研机构，通过商业化的经营管理，参与国防科研的市场竞争。

日本主要采取了三项措施构建共享模式。第一，日本采取"小核心、大协作"的组织模式，提升企业武器装备的生产效率，日本大多数企业只制造武器装备中的一部分，彼此之间根据实力大小和专业特长实行专业化分工，从而完成整体工作。大企业一般只承担总体设计、组装和主要分系统的研制工作，大量配套性的研制、生产工作转包给其他厂商，实现了高度的专业化分工，有利于提高产品质量和生产效率，同时也使承担军工生产的企业得以将擅长的民用技术迅速推广和运用到武器装备生产中。第二，日本往往指定多家企业轮流生产军品，并对主要军工企业进行结构调整和重组，其目的在于维持企业的军工生产能力，以确保发生战事时可迅速扩大生产。第三，日本充分发挥财团机制作用，提高企业武器装备生产的转化能力。日本看中了财团机制较强的计划和统筹协调能力，财团下属企业之间通过密切协作和配合，在大集团式协作和分工下，企业能够从兄弟企业和团体获得资金、技术、原材料、上游产品、金融服务、销售等多种支持，使军工生产分工合作更加合理，提高了军转民和民参军的灵活性。

四、共享流程

美国建立了评价机制和监督机制,对共享主体、内容等层面进行评价和监督。评价机制是对承包商进行资质的认证和评估。如美国于2011年开始实施"逐类别、逐层次"(S2T2)评估,通过评估工业能力,可确保应用于作战的装备和服务在合理的成本范围内,同时,可以更好、更全面地了解国防工业基础,为改进国防采办策略提供依据。监督机制则包括合同审计、财务监督、质量监督和绩效监督等。

欧盟国家政府与军方着力在文化、行为、程序和组织上进行改革,学习私有企业先进的管理知识技术,对流程进行优化,采用全寿命系统方法,与工业部门形成更加透明的关系,改进风险和业绩管理,从而通过业绩、灵活、自信和效率计划提高国防装备与支持机构的效能。在军备采办中,实施分阶段的成本控制和管理,提出简化采购机构、缩短采购时间以及降低武器装备的全寿命成本,在军工企业之间、在采购和分配上开展竞争。

以色列采用军民共建模式,通过军队和高校合作开展课题研究,采用军队与地方企业共同开发新技术的手段,实现军队与地方的协同发展。具体而言,政府和军方在高校建立合作平台并设立研究中心,军方为高校提供研究课题,支援大学的研究工作,高校为军方输送优秀人才并提供军事技术支持;军方通过招标民营企业或地方公司的方式,共同合作完成开发项目,在过程中分享流程中的知识、技术和管理经验,并构建统一化的技术评估和质量控制体系,技术实现后既可投入军用也可以转入民用。通过这种方式,以色列以大学为依托,以众多创新企业为基础,以国防军工为催化剂,以产学研集群效应为特色,将教育、研究、创新、技术转移、军队、治理、网络和企业文化等融为一体。

五、共享环境

美国为解决阻碍军地协同创新发展的技术难题,打破军地协同创新发展的技术壁垒,实施国防工业与民用工业同技术、同标准、同经营策略、同生产方式等措施，构建军民一体联动、军品和民品共举的融合方式。2003年美国出台的《国防工业转型路线图》强调，必须改变主承包商控制国防市场的局面，引导和鼓励掌握创新技术的中小型企业进入国防领域。美国在这方面的举措与经验具有代表性。美国基础研究和预先研究的中坚力量是国家科研院所、高等院校以及一些非营利性研究机构。美国政府以课题经费、研发资助等形式，承担绝大部分用于国家基础科学研究以及国防高技术和军民两用技术的前期预研经费。军方和企业以合作的方式实现军民资源的共享。

俄罗斯在普京上任后对军事工业实行全面改革，大力推进军民结合，发展军民两用技术。俄罗斯正在将数据库、数据库管理和应用技术，以及信息远程通信系统和网络统一在一起，构建统一信息空间，供军民两大领域使用。

以色列着力打造以国家安全和技术研发为中心的安全生态系统，通过建立科技创新园区的方式，并将一系列政府军情部门搬迁至创新园区，实现集群创新模式，进一步加强政府机构、军情部门、学术界和产业界各部门的密切合作，在发展国防力量、治理安全问题的同时实现创新创业的开展，实现安全与经济、军队与地方共同发展的双赢。

印度国防科研组织特别提出，应利用国家各种研究机构和大学所具有的设备与专业知识来完成国防任务。另外，对于一些具有民用开发前景的军用项目，也注意吸收其他相关部门的科研院所参与，以期充分挖掘其民用潜力，提高投资效益。国防科研机构还通过有偿向民营企业提供实验设备等形式来支持民用研究机构参与国防科研，以便发挥军民两用相互促进的作用。印度还强调将军工纳入国家经济发展总体规划，加大军民兼容力度，政府制定了将高技术项目分阶段向民用企业转产的计划，每隔几年推出一项军民两用高技术发展计划。例如，2019年4月，印度科学与工业研究理事会印度科学与工业研究理事会和印度海军签署合作谅解备忘录，双方将加强国防科技领域合作，提升研发机构、企业和军方的联合协同水平，实现军民科技融合发展，推动印度海军现代国防技术跨越发展。

4.2 军地协同创新发展工作运行机制的整体框架

学术界普遍认同的军地协同创新发展机制是指国防建设与经济社会发展融合的过程及运行方式。军地协同创新发展工作运行机制的整体框架如图 4.1 所示。

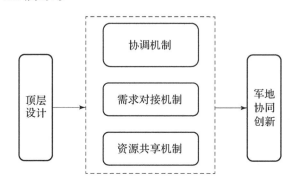

图 4.1 军地协同创新发展工作运行机制的整体框架

4.3 军地协同创新发展工作运行机制模块分析

4.3.1 各主要国家军地协同创新运行机制的总模块

一、美国

图 4.2 展示了美国军地协同创新运行机制的总模块。美国在军地协同创新方面国家牵引机制尤为突出，美国首先建立国家顶层统筹协调体制机制完善顶层设计，并建立健全相关法律政策，增设相关机构来保障军地协同创新的顺利进行。

在军地协同创新的运行机制方面，美国负责制订管理军地协同创新计划的专职机构包括国防部负责科学和技术的副部长帮办、国防部高级研究计划局、国防部技术转移办公室、负责先进系统与概念的副部长帮办等。

在协调机制方面，美国在国家高层和国防部层次建立跨部门协调机构及机制，为装备建设军地深度融合提供制度保障。美国对实现国防和

第4章
世界典型国家军地协同创新发展工作运行机制

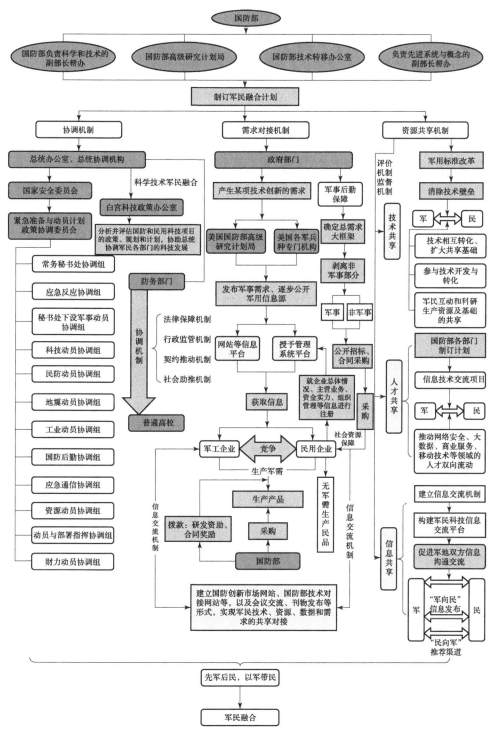

图 4.2 美国军地协同创新运行机制的总模块

军队现代化建设融入经济社会发展体系方面都有顶层设计，以实体化的"国家安全委员会"为最高协调机构。它由总统、副总统、国务卿、国防部部长、紧急计划局局长以及总统指定并经参议院同意的其他行政部军种部部长与副部长组成。国家安全委员会除履行总统指定的其他有关职能外，还需要根据国家实际的和潜在的军事力量，估计和评价美国的目的、义务和风险，以便向总统提出与此有关的建议；研究对政府中负责国家安全的各部、局共同关心的有关问题的政策，并就此向总统提出建议；委员会设一个工作机构，由总统任命一名文职行政秘书领导；委员会应不断地向总统提出它认为合适的或总统所要求的建议和其他报告等。

在科学技术军地协同创新方面，白宫科技政策办公室负责分析并评估国防和民用科技项目的政策、规划和计划，协助总统协调军民各部门的科技发展。

防务部门与普通高校之间的协调机制是推动美国军地协同创新高等教育发展的关键性因素。该协调机制由法律保障机制、行政监管机制、契约推动机制和社会助推机制共同构筑而成，揭示美国军地协同创新高等教育协调机制的重要意义和形成过程。

在需求对接机制方面，美国不仅采用商业机遇网等网站类信息平台实现信息共通，还通过建立"授予管理系统"平台增强各方在技术、资源、业务、组织管理等方面的信息交流与对接，从而使军品市场准入审查快捷便利。

美国的私营企业大多是军民结合型企业，他们按市场经济规律运作，同样的技术，有军品需求就生产军品，有民品需求就生产民品。在一些技术领域中，民用产品水平赶上甚至超过军用产品水平。目前，在促进军品研发投资方面，美国政府和国防部主要以采办的方式对设计竞争取得优势的承包商授予合同奖励。这种办法称为"通过设计、技术竞争来采办"，其本质是，直接公布政府或军方对某类技术创新的需求，鼓励各私营厂商进行政府需求导向型的研发投资，竞争优胜者将获得进一步的研发资助或利润丰厚的后续非竞争性合同，从而补偿其前期的投资成本。

美军后勤保障基本思路是：在确定总需求大框架下，将军队保障中的非军事部分剥离,如军事能源、通用物资等尽量利用社会资源进行保障,并坚持以军队需求为主导。美军实行高度社会化能源保障,以公开招标和合同采购为主要形式,从地方大量采购所需燃料、煤和电等能源产品,以及提供能源储存、运输等相关服务。

在资源共享机制方面,美国作为世界头号军事强国。注重将国防科技创新根植于国家科技创新体系中,从国家顶层统筹国防科技发展,构建军地协同创新式国防科技研发体系,建立科技成果军民双向转化机制,并采取多种措施促进科技资源军民双向交流共享。

在技术方面,美国对军地协同创新发展的技术障碍与技术标准壁垒进行消除,并推动技术相互转化、扩大共享基础,同时着力加强军民互动和科研生产资源及基础的共享。在人才方面,国防部还实施了信息技术交流项目,推动网络安全、大数据、商业服务、移动技术等领域的人才双向流动。在信息共享方面,美国建立了信息交流机制,具体而言国防部构建了包括"国防部创新市场"网站在内的多种信息平台,从而实现了信息的双向获取。

总的来说,美国采用的"先军后民,以军带民"的军地协同创新模式机制,建立在以政府为主导,以民营经济为主体的国防工业体系上。

二、俄罗斯

图4.3展示了俄罗斯军地协同创新运行机制的总模块,俄罗斯通过颁布法律和制定相关战略,从国家层面上统筹军民结合。

俄罗斯在协调机制方面的具体措施有:第一,建立协调军地协同创新的最高机构——联邦安全委员会,其前身为苏联国家安全委员会,是一个直属俄罗斯联邦总统的组织,主要任务在于为总统决定国家安全事务的方针,由总统召集几位重要的部委首长参与,汇整各部委的意见以整合出国家安全政策。第二,颁布《俄罗斯联邦军事工业委员会条例》赋予军事工业委员会组织协调政府主管工业机构和国防部装备采办管理机构职能,同时负责军民相关重大决策的协调仲裁。而管理委员会、科技委、监察委员会和审计委员会共同管理俄罗斯预先研究基金会,从而对重大国防科技项目进行组织、协调以及管理。

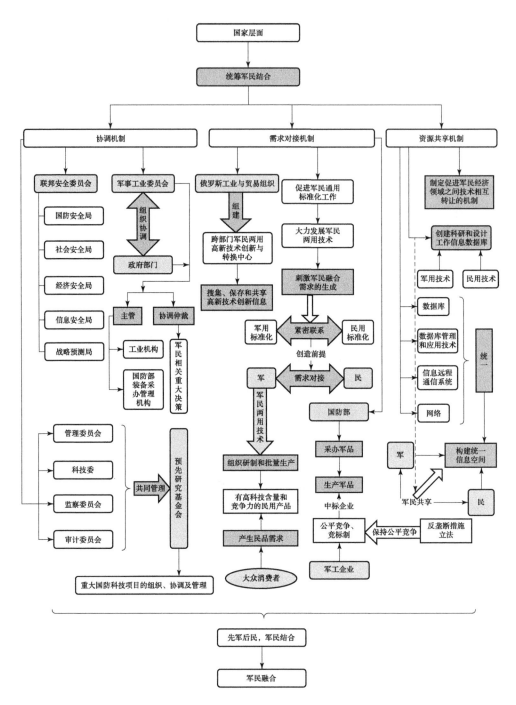

图 4.3 俄罗斯军地协同创新运行机制的总模块

在需求对接机制方面，俄罗斯工业与贸易组织成立的跨部门的军民两用高新技术创新与转换中心主要负责搜集、保存和共享高新技术创新信息以及评估军民两用科研试验效果。同时，俄罗斯在推动国防工业军转民的过程中还十分注重发挥市场机制的牵引作用，推动完善军民通用标准化，从而为需求对接创造前提。此外，在国防订货方面俄罗斯同样以市场为导向，将竞争作为基本手段，以实现最大化公开化竞争。

俄罗斯政府军工系统中的军民两用技术被视为维持军工企业未来生产发展、军工行业结构调整、军地协同进程推进的重要技术，俄罗斯政府通过大力发展军民两用技术推动军民需求对接。例如，典型军民两用技术——俄罗斯卫星导航系统项目，在2007年底开始投入实际使用，而后继续向军方和普通民众提供服务。1998年政府出台的政策就鼓励优先采用军民两用技术。

在资源共享机制方面，俄罗斯制定促进军民经济领域之间相互技术转让的机制，创建了统一的科研和设计工作信息数据库，将军用和军民两用产品的技术资料纳入数据库，以落实军民资源共享和军民技术双向转移工作。

总的来说，俄罗斯是"先军后民，军民结合"的模式机制，在新的市场经济条件下形成军品、民品市场的良好对接机制，保持国防工业科技创新和产业发展能力，从而启动大规模的军转民计划。

三、日本

图4.4展示了日本军地协同创新运行机制的总模块。

日本的"安全保障会议"是最高安全决策机构，主要负责解决、应对国家安全问题，是一个统筹有关日本外交、安全保障政策及国家战略的"司令部"，核心是由首相、官房长官、外务大臣和防卫大臣组成的"4大臣会议"，加上副总理，原则上每两周会晤一次。

协调机制分为国家、政府部门、民间企业和组织三个层面。其中，国家层面的协调机构是国家安全保障委员会和综合科学技术委员会。国家安全保障委员会对日本军地协同创新发展进行统筹；综合科学技术委员会作为军民两用科技发展的最高管理和协调机构，主要职

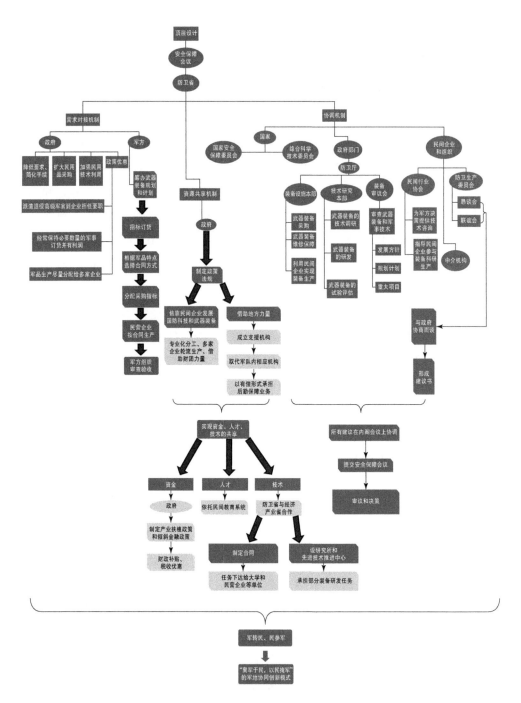

图 4.4 日本军地协同创新运行机制的总模块

责包括制定尖端技术发展规划以及增强国防科技能力等。在政府部门层面，日本设立防卫省通过合同方式对协调军民装备建设以及实施装备科研与采购计划等工作进行主导。此外，技术研究本部、装备设施本部以及装备审议会在国防工业事宜中同样发挥着重要作用。在民间企业和组织层面，民间工业行业协会、防卫生产委员会以及民间军工中介组织在政府、防卫省和企业之间进行沟通协调。

在需求对接机制中，政府采取降低军队的特殊要求和简化相关手续（如修订军用规格和说明书）、扩大民用品采购、加强民用技术的利用和一些政策优惠等措施以实现需求和供给的对接。其中，政策优惠主要包括派遣退役高级军官到企业担任要职以加强与企业的联系、经常保持必要数量的军事订货并保证军品生产的利润以吸引和鼓励民间企业从事军品生产，以及军品生产尽量分配给多家企业以防止形成少数企业垄断军工生产的局面。具体而言，在分配采购指标时会采用一般竞争、指名竞争和自由价格竞争等多种方式。民营企业则根据合同要求，承担日本武器装备的全部生产任务，之后由军方组织审查验收，控制民营企业武器装备的试制和生产。

在资源共享机制中，日本很早就注意到推动资源共享以便技术转移的工作。其最早的方式是要求大学将其所拥有的大型学术研究设备、资料、数据提供给全国的研究人员共同利用，后来日本又将政府投资兴建的世界尖端大型科研设施对社会开放，并提供财政资金鼓励民间机构在研发活动中使用这些设施。后来日本政府还积极开展自然科技资源基础设施和全国科技信息网络建设，以扩大科技资源和科技信息库并且进行有效的整合。在资金方面，政府制定了一系列配套的产业扶植政策同时实施"倾斜金融政策"，设立不同种类的国有政策性金融机构，为军工产业结构调整、产业布局优化和中小企业发展提供资金支持，由政府金融机构向军工企业研发活动提供长期低息的优惠融资，激励企业参与军工生产的积极性。通过财政补贴和税收优惠，直接对技术创新项目提供经费支持。在人才共享方面，日本主要依托民间教育系统为军队培养人才。在技术共享方面，防卫省与经济产业省合作，一方面通过制定合同将部分装备科研任务下达给大学和民营企业等单位；另一方面下设研究所和先进技术推进中心，承担部分装备研发任务。

以上所有机制共同构建了日本"寓军于民，以民掩军"的军地协同创新模式。

四、印度

图4.5展示了印度军地协同创新运行机制的总模块。可以看到，印度的顶层设计由国家发展委员会授权计划委员会主席对经济发展和国防建设两方面的需求进行审查。

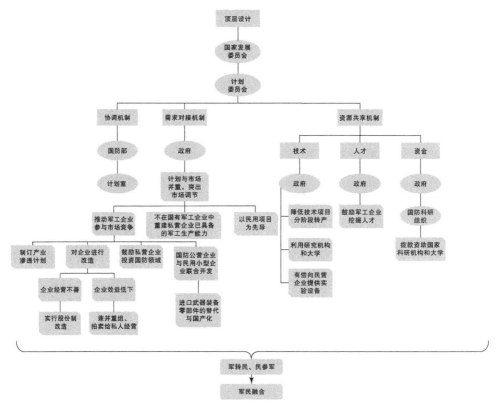

图4.5 印度军地协同创新运行机制的总模块

在协调机制中，主要由国防部的计划室对经济发展计划相关问题进行处理，从而协调国防建设与经济发展。

在需求对接机制中，政府采取计划与市场并重、突出市场调节作用的做法，主要包括推动军工企业参与市场竞争、不在国有军工企业中重建私营企业已具备的军工生产能力及以民用项目为先导，技术成熟后再转入军事应用的方针。其中，在推动军工企业参与市场竞争方面，主要采取了制订产业渗透计划、对企业进行改造（对经营不善的企业实行股份制改造，对效益低下、运营状况不好的企业进行兼并重组以至拍卖给私人经营）、鼓励私营企业投资国防领域及国防公营企业与民用小型企业联合开发的形式以发展进口武器装备零部件的替代与国产化。

在资源共享机制中，分为技术、人才、资金三个层面。在技术共享层面，政府采取制订技术项目分阶段向民用企业转产的产业渗透计划、利用研究机构和大学及国防科研机构以有偿向民营企业提供实验设备等形式支持民用研究机构参与国防科研的措施，以便发挥军民两用相互促进的作用。在人才共享层面，政府采取各种措施鼓励军工企业挖掘人才。在资金共享层面，国防科研组织平时就与其他国家科研机构和各大学保持密切联系，并通过拨款资助这些单位，在有关的国防科研部门监督下完成一些国防科研任务。

以上所有机制共同构建了印度特有的军地协同创新模式。

五、以色列

图4.6展示了以色列军地协同创新运行机制的总模块。以色列的最高军事决策权掌握在内阁和总理手中，之后内阁成立了国家名义上的最高军事决策机构，即部长级的国防委员会，主要负责政策计划制定、监督推进以及整体动员协调。决策的落实则由国防部相关部门执行，由国防部统一负责和调度相关军地协同创新工作。

在协调机制中，国防部负责的协调工作具体包括军事行政和技术业务两大方面，从而将政府、军队和民间组织进行有效连接。

在需求对接机制中，以色列主要是由军方提出相关需求，然后政府职能部门沟通协调并对采购招标等工作进行把关，从而确保需求供给实现均衡。

在资源共享机制中，以色列主要采取了三个方面的措施，包括部

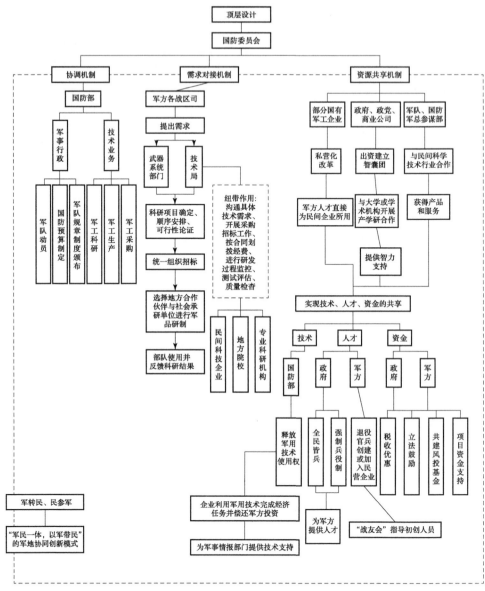

图 4.6 以色列军地协同创新运行机制的总模块

分国有军工企业的私营化改革、推动开展产学研合作以及军队和国防军总参谋部与民间科学技术行业进行合作。通过以上三个方面的措施，以色列主要实现了资金、技术、人才的共享。

以上所有机制共同构建了以色列"军民一体，以军带民"的军地协同创新模式。

4.3.2 军地协同创新运行机制的比较

一、军地协同创新总体运行机制的比较

美国采用的"先军后民,以军带民"模式主要是通过弱化军事技术标准,降低民营企业参与军工生产的门槛,破除技术壁垒,鼓励民营企业更多地参与军工产品的生产,主要是鼓励民转军。而俄罗斯情况相反,俄罗斯鼓励军转民,是一种"先军后民,军民结合"的模式,引导国内军工企业转向有利可图的国际民用市场,积极利用自身优势转产具有国际竞争力的民品。日本的情况与美国、俄罗斯均不同,日本的军地协同创新是技术倒转型"以民促军",是一种"寓军于民、以民掩军"的发展模式。这是由日本特殊的国家体制形态所决定的。日本没有国营军工企业,军品生产以合同方式委托民营企业。以民营企业的高新技术的商业开发和应用领先促进军品的升级发展。而以色列的模式主要是实行"军民一体,以军带民"的模式机制,贯彻战时为兵,平时为民的"全民皆兵"策略,走军工立国、以军带民道路,以先进国防工业带动国民经济发展,采用以军带民的体制,实现产品、服务和技术的"军为民用"和"民为军用"。欧盟的情况相对来说比较复杂,欧盟内部各个国家有自己的发展轨迹。

总的来说,各个国家的总体模式还是不尽相同的,这与各个国家的实际情况有很大关系。美国、俄罗斯均是以军先于民为主要策略,但美国鼓励民转军,以民用技术促军事发展,而俄罗斯鼓励军转民,以军事力量发展有竞争力的民品。日本和美国类似,均是以民促军,但有所不同的是美国有军企有民企,主要鼓励民企进入军工企业发展军工,而日本因为没有军工企业,完全依赖民企带动军工。以色列与俄罗斯相似,走以军带民的路线,但是以色列为双向互促机制,即军为民用,民为军用。

二、协调机制的各国比较

在协调机制上,各典型国家都在国家和政府部门层面建立了协调

机构，统筹军地协同创新发展。美国的最高协调机构为国家安全委员会，负责综合各部门的意见以供总统决策参考。俄罗斯的最高协调机构是联邦安全委员会，与美国相比，该机构还具有落实决策的能力。欧洲国家的最高协调机构是国家领导人及其组建的内阁，其独特之处在于能够实现军方与政府的一体化管理。日本将国家安全保障委员会作为外交安全最高决策机构，并设立防卫省，在发挥协调管理作用的同时还负责实施装备科研与采购计划。以色列和印度都通过设立国防部作为军地协同创新的协调机制。虽然各国协调机构具体负责的内容有所差别，最高协调机构下设的部门也各不相同，但都涵盖了军地协同创新发展中相关的各个方面。此外，在行业协会层面，欧洲和日本都建立了相关的组织，在政府机构和民间企业之间起着至关重要的沟通协调作用。欧洲各行业大企业通过牵头组织成立相关行业协会，使行业内军工企业交流合作，加强与国防部相关部门的联系紧密。日本负责沟通协调的行业协会由各类军工企业组成，此外还设立防卫生产委员会，通过恳谈会、联谊会等形式同日本政府人员进行协商面谈，并以建议书等形式提出决策咨询建议，经过这种自下而上的协调，政、军、民三方能协调一致地采取行动。与其他国家相比，欧洲和日本的机构设置能够更有效地关注民企的动态和诉求，进行更加全面的统筹协调军地协同创新。特别地，对于技术方面，各典型国家都设立了专门机构进行科学技术方面的管理和协调，促进军用技术与民用技术的双向转化。美国国防部高级研究计划局（DARPA）是美国国防部重大科技攻关项目的组织、协调、管理机构，俄罗斯有类似于美国DARPA的机构"预先研究基金会"，是俄罗斯重大国防科技项目的组织、协调及管理机构。

三、需求对接机制的各国比较

在需求对接机制上，美国的做法是按市场经济规律运作，只要技术相同，生产军品还是民品主要看需求来源是军品还是民品。而在这一点上，印度和俄罗斯也有相似的思路，俄罗斯注重发挥市场的牵引机制，印度注重市场的调节作用。美国是弱化了军事标准，降低企业准入门槛。在这一点上美国与欧盟是相同的，欧盟也在废除大量军用标准后，降低民营企业准入门槛。美国、欧盟均规定在不影响军事需求的情况下优先使用民用标准，只有在民用标准不能满足军事需求时经批准后采用军事标准。而俄罗斯情况有所不同，为了刺激军地协同创新需求产生，俄罗斯推动军民两用技术不断发展，并将军用标准化纳入国家标准化工作。美国国家高层产生军品需求通过美国国防部高级研究计划局和各军兵种专门机构发布军事需求，逐步公布信息源。同时建立了有效的信息交流机制，采用建立国防创新市场网站、国防部技术对接网站等，以及会议交流、刊物发布等形式，实现军民技术、资源、数据和需求的共享对接。俄罗斯则是通过促进军民通用标准化工作，通过军用标准化和民用标准化的紧密联系为需求对接创造前提；而欧盟内部各个国家情况不同且复杂，在此不做详细说明。日本的情况相对上述三个国家来说，大致上趋同于美国和欧盟，即采取简化相关手续、扩大民用品采购等措施来实现供需对接。以色列在军地协同创新需求对接机制上是军方提出需求，政府职能部门统一对接，从而实现需求供给均衡。

四、资源共享机制的各国比较

在资源共享机制上，各典型国家都十分重视法制层面的建设，通过出台相应的法律法规，建立相关机构等方式实现了技术、信息、人才、资金等方面的共享，促进了军民双方的共同发展。在技术共享方面，各国都着力消除军地协同创新发展的技术标准壁垒，推行军用标准改革，促进军民通用标准化工作。同时还注重与科研机构和大学的研究合作，并采取各种措施鼓励民间企业参与到技术开发与转化的过程中。与其他国家相比，欧洲国家还对在军方和民间的技术研究进行了有机分工，将基础研究和软学科交给民用研究机构和工业部门承担，军队内部集中专门从事高精尖的军事科研项目，从而确立以高技术为先导的军民一体化科研生产体系。此外，印度政府还采取制订将低技术项目分阶段向民用企业转产的产业渗透计划，使技术的转移共享更加细化。在信息共享方面，美国和俄罗斯都建立了信息交流机制，通过构建数据库，促进军民信息交流。美国还通过建立相关网站、发表刊物及会议交流等形式构建信息平台，在世界范围内发布军方的项目信息。在人才共享方面，各国都注重通过本国的教育系统培养国防科研人才，通过直接招募、委托培养等形式加强科研机构和大学同国防部门的联系。特别地，以色列还重视军方为初创公司提供充沛的人力保障，采取由退役官兵直接创建或加入民营企业、利用庞大的军事人才培养机构向创新领域输送优秀人才、建立"战友会"并指导初创企业的人员等措施，为军方人才流向民营企业提供了有效的渠道。在资金共享方面，各国都通过财政补贴的形式支持国防科研活动，为项目提供资金支持，同时对初创民间高新技术企业实施一定的金融扶持政策，以贷款和投资的方式提供金融支持。此外，美国和以色列都建立了风险投资基金，以色列的风险投资基金由政府和私人投资者共建并由私人投资者运作。

第5章 世界典型国家军地协同创新发展政策体系

5.1 军地协同创新发展政策体系的基本情况

5.1.1 军地协同创新政策体系现状分析

自军地协同创新深度发展上升为国家战略以来，围绕军地协同创新发展的研究成果大量涌现，特别是有关军民国际比较的研究成为军地协同创新研究的热点议题。已有研究主要聚焦于各国推动军地协同创新的具体做法和军地协同创新发展模式，如王未等[31]研究了美国、法国和俄罗斯等发达国家的军地协同创新环境和模式以及具体的成功案例，并结合我国航天领域军地协同创新发展现状与存在的问题提出对我国航天企业的建议。马琳和武杰[47]着重对美国、日本等发达国家的军地协同创新发展模式进行了研究，同时与我国军地协同创新发展模式进行分析和对比，进一步探寻军地协同创新新路径，为我国军地协同创新事业蓬勃发展助力。张兵和董樊丽[48]研究美国、俄罗斯、欧盟国家、以色列、日本等发达国家军地协同创新发展模式，并分析了不同模式对国家国防工业及经济社会发展的影响作用。朱虹等[49]通过对美国、俄罗斯、欧洲主要国家标准化军地协同创新发展的背景、措施、成效及发展战略的分析研究，在对比分析我国标准化体制机制的基础上，提出各国改革带给我国的启示，并提出我国开展军地协同创新标准化工作的对策建议。路文杰等[50]剖析了美国、俄罗斯、日本和以色列所推行的四种军地协同创新发展模式，并结合中国河北省军地协同创新的发展现状，提出河北省在军地协同创新发展过程中存在的问题。李效峥[51]分析了世界主要国家的军地协同创新发展模式以及组织机构、技术标准、法律法规和激励机制等特点，并提出我国军地协同创新发展模式与路径选择的建议。张凯[52]对美国、俄罗斯、日本和以色列等国家在推动军地协同创新发展模式进行分析研究，旨在为我国加快建设军地协同创新体系提供借鉴。刘光旭[36]从政策支持、军民互动、制度监管以及模式变迁等方面，分类探析了美国、日本、以色列以及俄罗斯等典型国家军地协同创新发展模式，介绍了这些国家在推进军地协同创新深度发展方面各具特色的先进经验。

现有针对国外军地协同创新政策的研究偏重于梳理和分析特定国家军地协同创新发展过程中的法律、法规和政策体系，并总结特定国家法律法规建设对军地协同创新发展的作用及呈现的典型特征，以提出促进我国军地协同创新法律法规体系建设的政策建议：赵诣等[33]对美国《国防授权法》的分析表明美国军地协同创新和两用技术发展起步早，政策法律配套较为完善，其中每财年动态更新的《国防授权法》为协同创新提供了持续性、确定性法律保障，其突破法条陈述规则注重项目细节规制的内容特点提高两用技术发展效能；马天[53]对俄罗斯军事技术情报法律规制方式进行了总结，认为俄罗斯通过"联邦法""总统令""政府令"等立法形式构建起了相对完善的法律规制体系，对军地协同创新过程中的军事技术情报进行规范化治理；姚世锋等[54]从法律、法规和规章层面分析美国军地协同装备保障法规建设的体系架构，从装备采办活动、平时装备保障、战时装备保障和民力征召等方面，研究美国军地协同装备保障法规最新修订情况及主要内容，并总结美国军地协同装备保障法规建设的主要特点；吕亚芳[55]考察梳理了美国和俄罗斯高校军地协同创新的法规政策及其特点，并提出对完善我国相关法规政策的启示；周倩等[56]在分析韩国公共卫生危机应对中的军地协同创新发展模式时发现，韩国的国家法律为军地联合应对公共卫生危机提供了基本的法律保障；宋文文[57]从战略、计划和实施层面分析了美国推动网络空间军地协同发展的战略政策法规。

基于不同国际军地协同创新政策比较的研究则较为缺乏，可能的原因有：一是军地协同创新政策并不是独立的和自成体系的，它与各国军地协同创新发展阶段、军地协同创新模式、军地协同创新的体制机制等密切相关；二是因军地协同创新政策没有统一界定，研究中普遍存在着将军地协同创新政策泛化的倾向，即将所有与军地协同创新相关的法律、制度及政策归入"军地协同创新政策"的范畴，这种做法导致各国的军地协同创新政策文本数量庞杂，又缺乏统一的逻辑体系，从而试图对各国的军地协同创新政策进行比较则更加难以实现。但现实的问题是，广义上的"军地协同创新政策"是政府推动军地协同创新发展的主要手段，军地协同创新相关的法律法规、与军地协同创新相关的行业制度以及相应的政策是促进军地协同创新深度发展的有力保障，是建立军地协同创新深度发展长效机制的制度保障。在一定程度上，"军地协同创新政策"体系构建的质量和完备程度决定了军地协同创新的发展方向和融合程度。因而，对军地协同创新政策的国际比较研究具有重要的现实意义。

本章的研究主题为军地协同创新政策体系的国际比较。在我们看来，军地协同创新法律、法规和政策是政府实现其军地协同创新发展目标的主要工具和手段，在宏观层面，军地协同创新政策塑造了军地协同创新发展的环境；在中观层面，军地协同创新政策为"军转民""民进军""军民两用技术发展""军民资源共享"等创造了条件和建立了扶持体系；在微观层面，为军地协同创新领域中企业的行为提供了激励和约束机制。基于此，我们对军地协同创新政策的比较研究将特别注重如下两个方面：一是密切结合各国军地协同创新的发展阶段、军地协同创新的模式及其体制机制展开研究，这也是本书的特色和主要研究内容；二是以各国具体军地协同创新政策为基础，从各国军地协同创新政策的顶层设计、预算及采购政策、武器装备科研生产政策体系以及辅助政策支撑体系四个方面展开，总结各国在军地协同创新政策构建过程中的具体做法，进而对我国军地协同创新政策的构建提供一定的借鉴。

5.1.2 军地协同创新政策体系主要特点

美国国会技术评估局（Office of Technology Assessment）于1994

年将军地协同创新定义为将国防与民用科技工业相结合,从而组成统一的国家科技工业基础的过程。相应地,我们将"军地协同创新政策体系"概括为所有与军地协同创新有关的法律、法规以及由各级行政部门制定的与军地协同创新有关的政策,包括国家及有关部门围绕军地协同创新制定和发布的法律法规、规划计划、标准政策等各种文本。从法学的角度看,政策的目标在于政策指引、利益协调和权益保障。理论上,军地协同创新政策的设计应以政策目标为导向,基于现实条件的约束,运用激励机制引导参与主体的行为,逐步突破或弥补现实约束,进而实现预期目标的过程。围绕上述政策设计过程,我们首先分析各国军地协同创新政策体系的特点,然后基于不同国家军地协同创新政策体系的特点总结其共性的规律。

(1)美国"军民一体化"政策体系特点。第二次世界大战后,为解决在战争中大量私营企业参与战争过程形成的过剩生产能力,美国政府提出军民一体化的国家战略,将"军民一体化政策"列入《美国法典》,并将其作为一项长期基本政策确定下来。在军民一体化的大原则下,美国从军民两用高新技术视角部署新兴产业的发展战略,构建一个同时适应国防和民用两个市场需求的工业体系。美国还通过制定《国防部国内技术转让条例》,以立法的形式对发展军民两用技术的地位加以确认,鼓励将国防部开发或委托开发的科技情报、技术诀窍按国家保密要求转让给州或地方政府和民营企业,进一步强化了军地协同创新在国家科技政策和国防科技政策中的核心地位。因此,在政策体系上,美国呈现出如下特点:第一,把军地协同创新作为国家战略,通过立法加以推进。从宏观和微观层面建立促进军地协同创新的体制机制,解决制约军地协同创新的约束和障碍,构建军民一体化的政策环境。第二,军地协同创新以企业为主体、以市场为主导。政府通过特定的政策引导企业面向国防和军队建设需求研制生产武器以及高端装备,以获得超额的经济收益。

(2)日本为实现"以军掩民"的政策目标,在军地协同创新法律和政策构建方面呈现出鲜明的特点:一是政策构建的最终目标高度一致,均为利用民间企业研制武器装备以满足国防建设的需求,即"民参军"；二是军地协同创新法律健全、完备，清晰地界定了不同行为主体的权责利，在最大限度上降低了不同机构和法人社团之间的协调成本。因此日本为了发展两用技术、扩大民品生产，对可生产军品的民间企业进行优惠扶持。为了保护可生产军品的重点民间企业和主要军品生产线，日本政府将军品产值占企业总产值10%以上的企业列为重点军工企业，如三菱重工业公司等，并从经费、政策、管理等方面实行政策倾斜。对于中小型可生产军品的民间企业，日本政府也出台了许多优惠政策，并适当提供财政补贴，以激励这些企业积极承担和拓展军品科研生产项目，避免企业因国家削减装备采购费而陷入困境。

（3）在法律法规和政策构建上，法国/英国等欧洲国家呈现出如下特点：一是强调军地协同创新政策基础制度的建设和"自上而下"的顶层设计。例如：2003年，英国国防部发布《国防部知识产权指南》，以及《开拓者计划》《战略联盟计划》等法律文件；2020年10月19日，英国国防部发布《2020年科技战略》，指出国防部必须强化对未来技术前景的理解，积极采取行动获取先发优势，加强国防部科技能力，为下一代军事能力奠定基础；2021年2月22日，欧盟委员会发布《促进民用、国防和航天工业协同发展的行动计划》，旨在加强军地协同创新，推动欧洲民用、国防和航天工业创造协同效应，以进一步巩固工业基础，增强欧盟技术优势。二是以军民两用技术的双向转化为突破。例如：《面向21世纪的国防科技和创新战略》对基础研究和民用科研中涉及的两用技术作出了规划；《防务与安全工业政策》规定，如果某件装备的价格合适而且可以用于军队，则直接进行采购而不必进行再研发；法国在"2003—2008年军事计划"（草案）中提出，要通过优先发展军民两用技术来加强研究和技术开发。三是以人才、后勤、标准上的政策支持为保障。其包括军人医疗保障制度、军人退役补偿制度、军人及家属养老与补偿社会化制度等，另外，在应急动员领域、民用资源征用领域等均建立了一系列法规保障其有效运转，如《后备役动员法》《紧急状态权力法》《防务法》《民航法》《民航公司法》《运输法》等。

（4）以色列具有鲜明的特征：一是以色列是在战争状态下走出

一条"以军促民"的超级军事经济发展道路；二是风险投资基金在推动军转民的发展过程起到关键的作用。以色列一方面通过"引进—改进—研制—出口"，大量出口从冲锋枪到无人机、电子战设备、航空电子设备、近程导弹系统的武器装备，既扩大产量、提高武器装备性能的稳定性，又赚取了外汇，缓解了国家财政紧张；另外通过政府与企业共同设立的投资基金推动了高技术产业的发展，促进了军民两用技术的发展。1997年22个以色列企业在美国纳斯达克上市，2000年上市企业达120家以上。1998—2003年，以色列从国外引进风险投资82亿美元，全部投入高新技术产业，使以色列成为在纳斯达克上市的公司数量仅次于美国和加拿大的国家，位居世界第三，人均风险企业数量位居世界第一。截至2019年5月，以色列拥有76家纳斯达克上市公司，数量上仅次于美国，超过整个欧洲的总和。

（5）俄罗斯具有如下特点：一是密切结合俄罗斯军地协同创新的发展阶段，有序推进法律法规的建设，构建与其相应的政策体系；二是政策构建，主要是政府规范性文件的发布超前于法律法规的建设，这也是俄罗斯"军转民"成效不佳的主要原因。顾伟的研究中，因国防生产专业性强，在向民品生产转换过程中受生产资料、价格机制、产品质量、市场供求等各个方面的影响，转轨产品适应市场需求并形成良性的生产与供给链需要一个过程，更需要法规长期、稳定的指导与保障。在相应法律制度不健全甚至空白的情况下，企业单靠政府规范性文件强力推进"军转民"，显然犯了盲目冒进的错误。三是依靠军工产品、武器装备、军民两用技术的出口带动"军转民"是俄罗斯的主要手段之一；例如，1999年初，俄罗斯总统叶利钦签署了两项命令，对军用和军民两用技术的出口进行严格监控。其中一项是对1996年8月16日第1194号"关于监控俄联邦出口制造导弹所需设备、材料和技术"总统令确定两用技术及产品清单进行修订和补充，到20世纪90年代末，俄军工系统就有100多家企业与外国建立了合作关系，以利用军工系统先进的军民两用技术进行国际合作。

共性特点：一是军地协同创新没有统一的模式，需要结合不同国家的政治经济制度、军队国防发展现实，做好顶层设计、统一规划、统一领导、统一组织，强调"国家主导"；二是军地协同创新政策体系的构建是"自上而下"与"自下而上"相结合的构建，需要发挥国家主导和市场机制的协同作用。"自上而下"的方式确保军地协同创新政策体系要以实现国家的战略目标为导向，"自下而上"的方式则要确保政策设计需要满足参与主体的参与约束和激励相容约束，以调动各参与主体推动军地协同创新发展的积极性。

5.2 世界典型国家军地协同创新发展政策体系框架

从国防建设和经济社会发展融合的内容来看，可以将军地协同创新法律法规分为四个部分：第一部分是"顶层设计"，即在最高层次上对国防体制、与国防相关机构的职责权限以及处理国防建设与经济建设之间关系原则性制度框架；第二部分是国防预算和装备采购政策，这是国防建设和国防工业发展的根本保障；第三部分是有关武器装备的科研生产政策体系；第四部分是辅助政策支撑体系，包括国防动员、后勤保障、人才培育、装备维修以及协调特殊领域民用部门与国防安全之间关系的政策法规等。

5.2.1 军地协同战略顶层设计政策体系

一、美国

美国国防工业法规自成体系，包括成文法、总统与各有关部门的行政命令、司法系统的判例法三类，全方面规范企业在装备采办竞争、能力建设、国防科研与技术转移、保密与安全生产、国际合作等方面的行为，使其行为服从政府意志和服务于国防工业整体发展。国会制定的成文法、总统与各有关部门的行政命令主要调整国防工业管理体制和机构的设置、职能，美国成文法主要有两种形式：一是针对某个领域制定的单行法规。例如：在国防采办领域，主要的法律有《武器装备采购法》《联邦采办改革法》《购买美国产品法》《政府合同法》，以及年度国防授权法和拨款法等；在国防科研生产领域，主要的法律有《国防生产法》《史蒂文森－韦德勒技术创新法》《国家竞争技术转让法》《技术转让商业化法》等；在国防工业能力建设领域，主要有《国防科技和工业基础转产及援助法》《埃克森－弗罗里奥修正案》《伯德修正案》；原子能领域的法律相对独立，自成体系，以《原子能法》为基本法构建了一个涉及采矿体制、放射性废物管理、辐射防护等多领域的法律体系。二是零散分布于一般法律，如《专利法》《版权法》《信息自由法》《出口管理法》等涉及国防工业的内容。各有关部门的行政命令主要对国防工业在各个领域的活动进行规范，行政部门颁布的法规，包括联邦政府有关条例和行政命令，这些文件是对国会所制定的法律的补充和细化，是有关部门统一遵循的行动指南。与国防工业相关的法规包括《联邦采办条例》《国防采办条例》《出口管理条例》《国际军品交易条例》《外国人合并、收购和接管条例》《联邦采办条例国防部补充条例》等；而在政府各部、局所制定的规章层面，包括国防部、能源部、参谋长联席会议、三军种等有关部门分别制定的指示、指令以及其他带有约束力的出版物，这一部分文件数量最大，内容最具体、实际，因而与国防工业日常活动关系也最为密切。如国防部的5000.1指示《国防采购系统》、5000.2指示《国防采办系统的运行》，参谋长联席会议的8501.01B号指示《参谋长联席会议主席、战斗指挥员、国民警卫局局长、参谋长计划编制预算与执行系统》，海军的4200.37号指示《海军采购系统的组织部门》等。为进一步规范国防工业活动，国防部等政府部门发布的官方报告中也有与国防工业相关的规定，如《国防工业能力评估报告》[58]等。判例法是指法院的判决构成先例，当本法院和下级法院以后遇到同样案件时，必须按照先例判决。美国法院审理涉及国防工业生产经营的案件所形成的判决为法院今后审理同样案件形成了先例。

为使国防建设融入经济社会发展体系，美国注意通过立法将一些成熟的做法予以确认并上升为国家意志。美国宪法对国防体制、总统与议会的国防权限，尤其是对确保国家安全或国防安全情况下，如何处理国防需求与民用经济或民事部门的关系做出了原则性规定。在宪法指导下，美国制定了一系列军事法律，包括《国家安全法》《兵役法》《国家安全机构法》《国防生产法》《国防专利法》《国防设施法》《军事储备法》等。

2011年颁布的《国家军事战略》中，美国首次将国防工业基础纳入军事战略视野中，指出美国"必须继续保持技术优势的幅度，确保国家工业基础能够提供部队在任何应急行动中取胜所必需的装备，并扩大部队规模"。2012年颁布的《国防战略大纲》进一步将维持国防工业基础作为2020年前建军八项原则之一，指出："在调整国防战略和兵力规模的过程中，国防部将尽一切努力维持坚实的工业基础以及充足的科技投入，确保联合部队（joint force）能够应对未来的任何威胁。"2022年颁布的《国防战略》确定了美国国防部的战略方向和联合部队的重点要务，指明了美国军队将如何应对美国国家安全利益以及一个稳定开放的国际体系所面临的与日俱增的威胁，还确定了美国国防部实现其优先目标的三种方式——一体化威慑、声势行动及构建持久的优势。而随着科学技术快速发展，2023年美国国防部发布《国防科技战略2023》，强调必须利用关键新兴技术实现国防战略的目标。战略阐明了美国国防部科技发展形势，优先发展技术领域与实现路径。同时，战略强调要加强研究基础，包括加强实验室和测试基础设施以适应新兴技术的测试和发展以及确保基础设施的完整性和安全性、升级数字基础设施以改善信息共享和知识管理，并推进云计算和数据共享等。

为了实现军地协同创新的目标，美国构建了完备的法律政策体系，包含基本法、专项法规和"计划"。这类政策有：美国国会技术评估局于1994年完成的《军民一体化的潜力评估》，美国国会颁布的《国防授权法》《国防拨款法》《国防生产法》等，美国国防部于1994年发表的《采办改革：变革的命令》、1995年发布的《两用技术：一种为获得经济上能承受得起的前沿技术的国防战略》、1995年9月颁布的《国家安全科学技术战略》等。

二、日本

日本作为第二次世界大战的战败国，其宪法限制了日本军事力量的发展。日本不得不大力推进军地协同创新，并以其宪法为基础在国家安全、军工科研、军事后勤等领域制定了多项有助于军地协同创新的政策，颁行了一系列法律法规，以期实现军事力量的隐形发展。《2005年度以后的防卫计划大纲》规定"自卫队、警察、海上保安厅等有关机构在适当分工的基础上，通过进一步加强情报共享、训练等，确保密切合作，努力提高整体能力。此外，在建立包括对各种灾害的处置及情报的迅速传达在内的各种国民保护体制的同时，国家与地方政府应相互密切配合，形成完全之态势"。日本2022年底出台的新版《国家安全保障战略》提出，将加强政府、自卫队和民间团体合作，全面推进国防产业发展，提高综合防卫体制建设水平，并首次提出所谓"军民一体发展路径"。在上述战略指导下，日本对《武器装备生产开发基本方针》《国防装备和生产的基本政策》等法律法规进行修订，以期为装备发展提供法律基础。

三、俄罗斯

苏联解体后，俄罗斯政府随即推出了国防工业军转民政策，用民品的收入补贴军品研发与生产，并把军工转产作为维持国防工业生存发展的重要手段。俄罗斯认为，改变经济军事化格局的途径是军转民。为了国民经济和国防建设的可持续发展，为国防工业的"军转民"提供有力的保障，俄罗斯在军工企业转轨的过程中高度重视法治建设。根据军转民发展的不同阶段，俄罗斯发布不同的政策法规。

1990年俄罗斯政府制定《俄罗斯联邦共和国国防工业"军转民"法》。1991年制定《1991—1995年国防工业"军转民"计划》。1993年3月20日最高苏维埃通过的《俄罗斯联邦国防工业转轨法》是最基本的一部法律文件，它规定了军转民的原则及其组织、计划和资金保障、社会保障措施，对转轨企业的补偿和优惠政策，规定了转轨企业进行对外经济活动的权力等。1993年6月3日俄罗斯政府颁布《1993—1995年俄联邦国防工业"军转民"计划》，建议最大限度地保留国防企业员工和科技潜力，保证国家整体经济的发展。该计划包含了民用航空技术发展计划、俄罗斯舰队复兴计划等14个目标计划。这些法律及政府文件的制定意味着军转民管理实施制度初步建立起来。1993年11月6日颁布《关于稳定国防工业企事业单位经济状态和国家国防订货的措施》的1850号总统令，要求有关部门在1993年12月1日前对以前制订的所有军转民计划进行修订，按其经济效益提供专项贷款，命令俄罗斯联邦政府和中央银行一定要保证军转民计划进行的直接拨款。为了进一步推动军转民工作，俄罗斯政府在策略和政策方面也做了根本调整。1996年，俄罗斯政府颁布《1995—1997年俄联邦国防工业转产专项计划》，并在1997年对国防工业"军转民"政策进行了调整，将"全面军转民"调整为"以武器出口促进军转民"。

2001年是俄罗斯国防工业真正实现改革的第一年，批准通过了《2002—2006年俄罗斯国防工业改革与发展规划》，把国防工业的发展纳入国家的总体发展战略和军事改革的总体战略目标。普京从2012年1月16日开始在俄罗斯各类重要的全国性报纸上发表了7篇文章，其中一篇《强大是俄罗斯国家安全的保证》中有一节"对俄罗斯军工综合体的新要求"，指出："俄罗斯要恢复在主要军事科技领域的世界领导地位，需要成倍增加现代化技术装备的供应，建立先进的生产基础，研发有竞争力的军用产品所需的核心技术，依靠新技术生产新型武器和军备等。"为了应对当前全球局势与国际安全环境的复杂多变，俄罗斯注重与世界科技创新保持同步，2020年继续加大对国防科技发展创新的顶层指导，更新出台多项重要战略规划，围绕关键领域发展进行长远布局。2020年俄罗斯科技与安全领域多项战略规划陆续滚动更新，对俄罗斯未来国防科技发展形成重要牵引。同年2月，国家安全委员会组织编制新版《国家安全战略》，结合国内外安全环境新变化、新威胁，对外交政策、军事力量发展优先方向做出相应调整；3月，调整上年出台的《2030年前国家科技发展规划》，将"国家科技倡议"作为子计划纳入其中，强化国家科技规划统筹；6月，政府推进编制《2030年前国家创新发展战略》，提出未来十年国家创新体系发展目标，确定包括科研创新、创新人才培养等在内的重点发展方向和措施；11月，总统批准《2021—2025年国防计划》，分析全球及俄罗斯周边安全局势和军事威胁，提出未来5年完善国家国防管理体系、优化武器装备等方面的主要任务。

四、英国和法国

为了适应新军事变革，满足网络中心化联合作战能力建设的需要，保持英国本土的国防工业能力和基础，英国国防部努力将零散的工业基础进行重组，将一个支离破碎的工业基础整合成一个新的工业格局。英国政府支持军品科研生产能力发展的战略性文件《国防工业战略》和《国防技术战略》都体现了对英国国防工业关键能力实施重点保留和加强的思路，强调必须保持英国的关键工业能力和关键国防技术，即确定哪些工业能力对保持英国部队能力至关重要，英国应该保留哪些国防工业能力，英国本土具备了（或应该发展）哪些工业能力，而哪些需要依靠国外供给等问题。

英国政府分别于2002年、2005年和2006年发布了《国防工业政策》《国防工业战略》《国防技术战略》，旨在让工业界明晰现在和未来武器装备建设与使用保障的需求，引导国防工业基础为适应未来需求而主动调整能力结构，发展国防部所需要的工业技术和能力，以求保持一个可持续发展的国防工业基础。因为可持续、富有竞争力的国防工业是为英国军队提供军事实力的基础保障，同时也对国家经济以及国家科技基础具有重要影响作用。

2012年2月1日，英国国防部发布了国防工业政策白皮书《通过技术确保国家安全》，这是继《英国国防工业战略》（2005年）和《2006年国防技术战略》后英国发布的对国防工业发展的新战略指南。2021年3月23日，英国国防部发布《国防与安全工业战略》，明确对供应链、科技创新、国际合作与贸易、采办等方面进行改革，推动建立"具备竞争力、创新力和可持续发展能力的世界一流国防与安全工业"。为进一步强化国防军事实力和战略威慑能力，2021年11月22日英国国防部发布《战略司令部战略报告》，明确了前沿战力的发展方向。

法国既强调独立自主地发展本国国防高科技，同时也看到，在新形势下法国既无能力也无必要维持完全独立的、庞大完整的国防工业体系，不必坚持所有武器装备的自给自足，1994年发表的《国防白皮书》明确提出，要放弃"自给自足"式的国防工业发展战略，走独立研制、合作生产和直接引进的三结合道路。近年来，法国在坚持独立自主研制武器装备的同时，积极推进建立欧洲联合军工企业集团，加快实现欧洲国防工业一体化的进程，特别是在机械制造领域集中欧洲各国专业技术优势和财力，合理组建新的跨国集团公司，在技术和市场上提升与美国企业抗衡的能力。2019年，法国国防部发布《国防创新指南》。该指南由引言、创新的发现与获取、创新发起与项目启动、加快创新发展、创新的合作共享、创新评估、创新文化培育、财政投入八部分组成（两份保密附件未公开发布），指出法国国防部目前面临的创新挑战，分析了从创新概念产生到投入使用的六部分创新内容，明确了国防创新的重要目标。这是法国国防部首次发布创新指南，旨在应对内外部激烈挑战、明确创新方向、落实推进策略，有力维护法国世界军事强国地位。

5.2.2 预算拨款与装备采办政策体系

一、美国

在对美国的国防研发经费投入政策进行分析以后，根据国防研发经费投入政策的重大转折点，将其分为如下三个主要时期：第二次世界大战和冷战时期（1940年至1989年）、冷战后到"9·11"事件前（1990年至2001年）、"9·11"事件后（2002年至今）。

战争期间，整个美国进入战时状态，国家研发经费投入以军事为目的，并逐渐形成了以政府和民间企业密切合作的研发经费投入体制，也确立了政府投资支持基础研究的制度。第二次世界大战结束后，为了与苏联争夺世界霸权，摆脱科技上的落后状态，美国大规模增加国防科研经费投入。20世纪80年代，美国投入的研发经费大致等同于西方另外8个国家（德国、法国、英国、意大利、加拿大、荷兰、瑞典和瑞士）及日本相应的科研经费总额，其中国防科研经费占据绝大多数。从20世纪80年代开始，美国政府开始调整国家国防科技政策，引导、鼓励私人部门积极参与国防研究开发活动，通过税收优惠政策、放宽反托拉斯法的规定以及加强知识产权保护等措施刺激私人部门投资国防科技。1980年制定了《史蒂文森－威德勒技术创新法》，1984年发布了《商品澄清法》，1986年发布了《联邦技术转让法》，1988年通过了《综合贸易和竞争法案》等。通过一系列对国防研发经费投入政策的调整，美国最终扭转了经济疲软的局面，取得了优良的效果。

冷战结束后，美国军费缩减，而民间科技迅猛发展，政府不失时机地提出了科技"军民两用"。美国国会于1992年通过了《再投资法》，启动了技术再投资计划，其主要目的是促进军民两用技术的开发，鼓励军事与民间技术的相互转化，从而使彼此受益。1994年，克林顿政府发布了《科学与国家利益》，强调要增大联邦科技投资和加强政府与产业界的合作科研伙伴关系，这种合作关系，不仅鼓励产业界对科研进行投资，而且将会提高企业的知识基础和核心竞争力，从而为产业界创造新的商机。克林顿政府的技术再投资计划要求"每年从国防研究开发预算中拨出10%用于民用研究，逐步把军事研究和民用研究经费比例调整到1∶1。政府责令国家实验室从预算中拿出10%～20%的经费与企业搞合作研究"。"9·11"事件发生后，美国对其国防科技投资政策进行了相应调整，政府主导的科技研发活动开始向军事高科技急速倾斜，即从克林顿政府时期促进和加强美国经济繁荣的科学技术基础转向强化美国安全的科学技术基础，安全和国防重新成为美国联邦政府研究开发支出的重点。例如，2006年9月，美国国会两院通过了《2007财政年度国防开支拨款法案》，拨款总额为4480亿美元，其中国防研发开支为760亿美元，比上年增长1.71%。2001年小布什就任美国总统后，建议2002年至2006年增加200亿美元的研发预算，以推动美国武装力量在军事技术领域实现跨越式发展，在军事力量结构方面实现转型。根据斯德哥尔摩国际和平研究所数据库计算，2001年至2008年小布什任总统期间，美国实际国防支出年均增长速度约为8%，已远远超过同期国内生产总值年均2%的增长速度。

《国防授权法案》是国会每年都要通过的国防预算法案，它确定国防部年度预算的总额，并对军事能力建设、国防部管理政策和行为、国防科研生产能力维持与发展等一系列事务进行规定。2021年的《国防授权法案》规定2021财年国防支出为7405亿美元，并授权划拨91亿美元用于采购95架F-35战斗机，划拨213亿美元为美海军建造7艘新型战斗舰艇；2022财年的《国防授权法案》授权了7682亿美元的国防开支；2023财年的《国防授权法案》授权的国防经费达8579亿美元，超出美国总统拜登提出的国防预算申请450亿美元。其中，美国国防部将获得8167亿美元；2024财年的《国防授权法案》通过的总国防支出为8863亿美元，其中美国国防部得到8414亿美元，美国能源部获得324亿美元，为其他国防相关活动拨款4亿美元，未在武装力量委员会管辖内的防务活动得到121亿美元。

在采办政策方面，2000年，美国国防部又一次宣布对采办政策进行重大调整，发布了三个文件：国防部5000.1指示《国防采购系统》，提出了新的适用于国防部所管采办项目的方针政策；国防部5000.2指示《国防采办系统的运行》，描述了适用于所有采办项目的简单、灵活的管理方法；国防部5000.2R暂行条例《重要国防系统和自动化信息系统采购程序的强制流程》，规定了重大国防采办项目和重大自动化信息系统采办项目强制性执行程序。目标是促进采办工作制度化，并强调要加快技术转化为战斗力的进程。通过军民一体化有关法规的执行，美国在增强军事实力，保持军事技术优势，提高作战能力和战备水平的同时，提高了国家科技工业的创新能力和竞争力，国家的综合实力持续增强。2008年12月8日美军负责采办技术和后勤的国防部副部长发布了新的国防采办管理系统指令，2009年5月22日美国总统签署了《2009年武器系统采办改革法案》。2019年末至2020年1月底，美军对规范其科研与采办程序的5000系列文件实施重大改革，构建以新版5000.02指示《适应性采办框架的运行》为主体、系列规范性文件相配套的科研采办政策体系。具体而言，2020年1月23日，美国国防部发布题为《适应性采办框架的运行》的新版5000.02指示，并针对不同类型科研采办活动出台具体的程序文件予以规范[59]。美国国防部2022年2月发布的《国防工业基地内竞争态势》指出，小企业作为主要供应商和分包商参与国防采购，对国防任务、竞争和国防工业基地的健康发展至关重要。美军在科研采办程序方面形成了"1+M+N"的政策体系。"1"是指2020年版5000.02指示；"M"指具体科研采办程序的规范性文件，目前为6项，包括2020年1月24日修订的5000.75指示《业务系统需求和采办》、2019年12月30日发布的5000.80指示《中间层采办的运行》、2019年12月31日发布的5000.81指示《应急能力采办》、2020年1月3日发布的备忘录《软件采办路径临时政策和程序》、2020年1月10日发布的5000.74指示《国防服务采办》以及2020年8月6日签署的国防部5000.UG指示《重大能力采办》；此外，"N"表示美军正在制定和出台的针对科研采办要素与管理活动的多份指示，包括对知识产权、成本分析、试验鉴定、方案论证、网络安全、信息技术、人机结合等进行了进一步的细化规范。此外，在网电领域，美国还通过加紧布局基础设施、大数据、5G、量子、电子复兴计划等，推动网络领域的军民一体化发展。2019年美国国防部提出建立新型软件采办流程的政策草案，力争将软件采办流程缩短至一年，快速获取先进软件系统，满足作战需求。

二、英国和法国

2012年发布的《国防工业白皮书》中英国政府就提出在国防预算紧缩的情况下，基础科研费至少要占国防费用的2%，英国议会下院国防特别委员会在2013年2月5日提交的《国防采办报告》中再次强调这一点，并指出"国防科学与技术"投入不足，加上过分强调现货采购与开放竞争，已严重威胁到英国的技术基础和国防知识体系。近几年，英国国防采办业务迅速扩展，已从装备采办，扩展到签订服务和支持合同（由国防企业提供培训、信息技术支持、主战平台维护等）。国防工业涉及对作战的直接支持已使国防工业供应商多样化，除制造商外，已包括了专门的服务提供商，并参与重大武器系统的国际合作。如重要的西方高技术国防计划都有英国承包商一定程度的参与。

它们可能是主承包商，或者参与分系统或部件的设计、集成、制造或计划管理等。通过武器装备技术研制和生产的国际合作，英国国防工业更强、更具竞争力，并给国家带来更大的经济与技术利益。英国国防部白皮书称，"针对现有的工业链和工业的未来发展，重新评估国防工业政策。我们必须有针对性地制定新的战略，把重点转移到国际武器装备市场上去"。"联合攻击战斗机计划"证明了英国国防工业在国际市场上的竞争力。英国政府在合作开发该飞机方面的投资达14亿英镑，英国国防企业也参与了此飞机的研制工作。

在英国脱欧之后，英国军队的国防政策及方针发生了根本性的变化，其武器库进行了更新，国防预算也空前增加。约翰逊政府在英国脱欧后立即宣布到2025年预计将国防预算增加230亿美元，这也是该国历史上军费开支增幅最大的一次，此前，英国经历了多年的国防预算削减，而在2010年至2017年，该国的国防预算的削减幅度超过了75亿美元。自2017年以来，这项预算开始以平均每年35亿美元的速度增长，但是在英国脱欧后，英国政府批准的增幅最大，这将使该国的年度国防预算达到530亿美元。2020年9月，英国政府启动了"综合审查"项目，意图在"全球格局发生巨大变化的时候"，在安全、国防、发展和外交政策等领域增强英国的国际地位，11月19日宣布了一项总额达165亿英镑的国防支出，这些国防领域的投资涉及的是大的安全概念，包括人工智能、网络安全、航空航天等高科技，试图将技术和就业结合。2023年7月18日，英国国防部发布最新版国防战略指挥文件《国防对愈发竞争、动荡之世界的应对》，该文件提出，为实现国防战略目标，英国将采取多项举措，包括追加约32亿美元预算，以增加武器装备库存；为增加武器装备库存、提高采购速度，该文件设定了采购项目的最长交付期，其中硬件采购最长5年，数字产品采购最长3年，而具有前瞻性和成本较高的项目不受其限制。

2021年英国发布的《国防与安全工业战略》（DSIS）中，英国政府发出了转变国防采办政策的信号。英国将摆脱"默认全球竞争"并采取更加细微的做法，在所需的能力与国家安全考虑以及对其"繁荣"的潜在影响之间取得平衡。这种政策上的变化是英国政府发布的DSIS

的核心内容，表明英国在未来的国防采办中将采取更具保护性的工业立场。该战略在采办方面的主要内容为提高采办的灵活性与效益，优化现行采办政策法规。具体是：①修订《国防与安全公共合同条例》，除响应英国内阁办公室2020年12月发布的《公共采购改革绿皮书》要求，以"物有所值"为中心提高国防采办速度与灵活性外，还废除了当初为与欧盟《为能源相关产品生态设计要求建立框架的指令》相一致而引入的鼓励国外承包商参与英国国防供应链的相关条文，以确保对关键工业能力的自主可控。②修订《单一来源合同条例》，作为简化国防采办制度的抓手，灵活确定单一来源合同的利润率，以激励供应商创新、支持政府目标。

法国政府的一些政府政令、指令以及政府部门间或政府间协议也涉及了部分较为具体的军民一体化建设政策。比如"政府鼓励科研机构与企业建立伙伴关系"及实行"税收研究经费制"这两项政策，前者旨在号召法国国内包括国防系统在内的科研机构与企业间建立合作伙伴关系，坚持相互间的"战略对话"，后者旨在鼓励中小企业加大科研投入和参与技术创新。这些重要法案和政策的出台与实施，有力地保障了法国国防工业军民一体化建设进程的顺利展开。

2018年法国制定了《2019年至2025年军事规划法案》，规定法国政府将在2019年至2025年向国防领域投入2950亿欧元，比2014年至2018年多了23%；而2023年法国政府公布了《2024年至2030年军事规划法案》，以取代2018年制定的《2019年至2025年军事规划法案》，成为指导未来6年法国国防与军队建设的纲领性文件，从预算投入总量上看，新版法案要求法国政府为国防和军队建设投入4130亿欧元。同时，2023年6月上旬，法国国民议会审议通过的《2024年至2030年军事规划法案》，也明确未来7年法国军费预算为4133亿欧元。

法国国防部明确提出了鼓励竞争的采办政策。法国国防部规定，武器装备总署对海、陆、空三军所需武器装备的研制生产实行公开招标的制度。为了确保合同竞争的公平性，法国国防部武器装备总署还与企业共同拟定了公平竞争的规则。对每项重要的合同，都要求制订采办计划，而且要确保合同签订的透明度。武器装备总署对海、陆、空三军所需的武器装备的研制和生产实行公开招标制度，通过平等竞争选择主承包商。在法国，中央政府军事采购的责任主要由军用物资采购委员会承担。这一机构不但是一个行政机构，而且是一个军用设备的生产与研发部门。从该机构的行政层面上考察，它的职责是监管国有军事科研机构和兵工厂。从该机构的生产层面上考察，它的职责主要由其3个下属部门负责，它们的职责范围主要是：一是陆军产品的开发和制造；二是法国海军舰艇和设备的开发和制造；三是导弹的设计与制造。2022年9月，法国国防部和军备总局计划通过4项措施，以简化武器装备采购流程：一是在关注设计的同时，确保技术可操作；二是减少对武器装备制造商和产品交付不必要的审查程序，在确保武器装备质量的前提下加快交付流程；三是更加注重军工技术的独立自主和对供应链的保护；四是为长远发展做准备。

2021年6月30日欧盟委员会举行线上仪式，启动欧洲防务基金，旨在提升欧盟国防工业的竞争力和创新能力，促进防务领域的研发及产业发展。欧洲防务基金用于协调、补充和扩大成员国的防务研发投资以及国防设备与技术的采购，帮助成员国减少防务领域的重复投入。根据该基金安排，欧盟将在2021年划拨总计12亿欧元，用于支持成员国防务合作研发项目，包括资助新一代战斗机、坦克和舰艇等武器研发项目，以及人工智能、半导体、太空、网络或医疗解决方案等关键国防技术。其中约7亿欧元将用于构建大规模复杂的防御平台和系统。此外，欧盟启动了由绝大多数成员国参与的防务领域永久结构性合作机制。该机制引导成员国共同发展防务能力、投资防务项目及提高军事实力，定期增加国防预算，将全部防务支出的20%进行防务投资；约2%的防务支出用于共同防务研究与技术，并联合对外派遣军队。该机制获得欧洲防务基金的资金支持，相关资金被用于采购防务装备和引进技术、支持研究项目。截至2020年，永久结构性合作已经通过了47个项目，包括培训与设施项目10个、陆军和海军系统项目各6个、空军系统项目4个、网络与指挥自动化系统项目8个、联合与有效能力项目11个。此外，2023年10月欧盟理事会通过了《通过共同采购加强欧洲国防工业法案》，激励成员国之间在国防采购方面的合作，以增强团结，防止挤出效应，提高公共支出的有效性并减少国防采购中的过度分散。

三、俄罗斯

俄罗斯国家杜马于1998年通过了《俄罗斯国防工业军转民法》，使国防工业"军转民"工作以法律形式确定下来。该法规定，"军转民"的资金由联邦和地方预算提供，也可以由国家担保来吸引贷款和国际货币基金组织、金融机构的资金以及其他预算资金。俄罗斯建立了国防工业与民用工业融合发展的领导机构——军民联合集团，负责计划、协调有关军地协同创新的各项事务，近年更通过改革联合成立了集科研、生产、融资、销售等多种功能于一体的军工金融工业集团。

俄罗斯军工金融支持体系包括军工企业证券私有化、加大财政与金融支持力度和实施多元化融资战略等。为了扭转苏联解体后出现的混乱局面，俄罗斯采取了一系列促进军品科研生产能力调整及发展的重大决策，总体经济状况和金融状况较20世纪90年代已经有了很大改善。一是军工企业证券私有化。证券私有化使俄军工企业走上了股份制的规范轨道，证券市场吸纳的资金成为俄罗斯许多企业重要的长期投资资金来源。二是加大财政与金融支持力度。2002年7月初，俄罗斯联邦讨论通过了《2010年前俄罗斯联邦军事建设改革的基本方针》。普京总统加大了对军事拨款的监管力度。三是实施有效的税收和金融政策，例如减免税、发补助金，低息长期贷款等多种方式，拓宽国防工业的资本来源，为企业生产军品、民品，开发军民两用技术提供充分的资本保证。

俄罗斯国防采购价格管理主要依托法律包括《国家和市政需要的货物、工程、服务采购合同系统法》(以下简称《合同系统法》)、《国家国防采购法》和《关于国防采购产品价格国家管理的条例》(以下简称《价格管理条例》)等。2012年12月通过的275号联邦法律《国家国防采购法》是俄罗斯国防采购相关的顶层法律，是国防采购计划形成、合同分配、合同执行、合同监管的主要法律基础，同时也规定了国家国防采购价格管理的基本原则和方法。2013年4月通过的44

号联邦法律《合同系统法》从共性角度对采购合同价格形成、合同签订和执行监管等进行了规定，针对国防采购合同的专门条款主要参考了《国家国防采购法》。2017年12月俄罗斯政府决议批准的1465号《价格管理条例》对价格管理给出了细致的规定，是当前俄罗斯国防采购价格管理的主要依据，汇聚了价格形成、价格类型、目标价格、利润分配、初始/最大价格、价格登记等多种管理方式。2020年1月，俄罗斯为加大国防采办中对高科技创新产品和服务的采办力度，国防部制定《国防订货高科技与创新产品/工程/服务评估认定准则》，提出一份全面、细致、可量化的国防高科技创新项目评估认定办法。

2022年，俄罗斯调整国防预算及武器装备采购计划，以应对大量增长的武器采购需求。2022年9月30日，俄罗斯联邦政府向国家杜马提交了2022年至2024年联邦预算草案，10月17日该草案通过审查。根据该草案，2022年国防预算进行了2次调整，从3.51万亿卢布增加到3.85万亿卢布，又进一步增加到4.68万亿卢布，占联邦预算15%；2023年国防预算为4.981万亿卢布，较2021年初规划的额度增长1.4万亿卢布；2024年至2025年的国防预算会有所收缩，在联邦预算中的支出占比将从16.9%下降到14.4%，大约为4.6万亿卢布和4.2万亿卢布。而在武器装备发展方面，2018年，俄罗斯国防部发布新版《国家武器装备发展规划》（GPV 2027），该规划将成为俄罗斯直到2027年的国防采购和军事优先事项的基础，该计划将在上一版GPV 2020的基础上取得进展，进一步加强俄罗斯军队的现代化。

5.2.3 武器装备科研生产政策体系

一、美国

美国在1995年颁布的《国家安全科学技术战略》中指出，"我们的目标是建立既满足军事需求又满足商业需求的先进国家技术与工业基础"。20世纪90年代，美国国会允许国防部不受《反托拉斯法》的限制，促成了国防工业企业的大规模并购，形成了领先世界的军工巨头。

美国国防部解释，"国防部既要主张通过鼓励竞争来创新，同时也要了解到公司扩大规模或与其他公司合并以形成未来战争所必需的新的工业能力的要求""合并可能会削弱竞争，但能够带来独特的国家安全利益，这种利益大于可能丧失的竞争"。

美国政府也在尽力营造竞争环境，维持创新活力。一方面，美国国防部通过多种途径降低非传统国防供应商进入国防市场的壁垒，对传统军工企业形成竞争压力；另一方面，美国国防部于2002年宣布允许外国军工企业在美国建立生产线，与美国联合生产武器装备，以克服本国军工企业寡头化，激励本国军品市场的竞争。

美国在20世纪50年代，主要是用国防高技术带动民用工业的发展，而70年代以后，则注重把民用高技术大量引入军事工业。美国为了推动国防科研生产领域的军民结合、寓军于民，先后出台了技术转移计划、先进概念技术演示计划、两用科学技术计划等，要求除军事专用科研生产领域外，军用、民用工业尽可能采用共同的科技资源，满足国防和民用两种需要，强调国防部必须充分利用民用领域的高新技术成果来实现国防科技的快速发展。

为在未来高科技战争中占得先机，美国试图从实践层面推动前沿技术应用于军事领域。2022年版《国防战略》将进一步强化美国技术优势，重点关注三大类14项国防科技：一是"新兴机遇类"，即处在研发阶段的前沿技术，包括生物技术、量子科学、下一代无线技术和先进材料等；二是"有效应用类"，即已得到商业应用的前沿技术，包括人工智能和自主技术、综合网络系统、微电子、太空技术、可再生能源和人机界面等；三是"防务专用类"，即已广泛应用于国防领域的前沿科技，包括定向能武器、高超声速武器、集成传感器和网络武器等。2023年1月25日，美国国防部更新《自主武器系统指令》，该指令由时任美国国防部副部长阿什·卡特于2012年11月21日签署，确立了当时的美国国防部政策，并分配了在武器系统中开发和使用自主和半自主功能的责任，包括载人和非载人平台。修订后的指令，最大的改变就是对人工智能（AI）在军事中的应用大幅扩张，这意味着美军为AI武器打开了所有的大门。

具有法律性质的计划：军民两用技术应用计划、技术转移计划、技术再投资计划、小企业创新研究计划、小企业技术转化计划等，以及具有特定导向的政策，如国防采办法律制度。

二、俄罗斯

冷战结束后，俄罗斯经济动荡不安，使得俄罗斯庞大的军工产业经济体制在转型的大潮中面临前所未有的困难。在这样的背景下，俄罗斯探索出一条"军转民"的发展道路，在迅速振兴俄罗斯经济的同时，进一步振兴俄罗斯国防科技工业。

俄罗斯继承了苏联时期的经济结构体系，尽管重工业和国防科技工业基础雄厚、门类齐全，但是轻、重工业比例严重失调。早期，为了加速"军转民"的进程，俄罗斯采取了"雪崩"式的做法，把军工企业全面推向市场，但猛烈的措施收到的更多是负面效果，俄罗斯国防经济处于深重的危机中。为解决这个问题，1993年3月俄罗斯联邦最高苏维埃推出了《俄罗斯联邦国防工业军转民》的联邦法律，同年12月叶利钦发布《关于稳定国防工业企业和组织的经济状况及保障国家国防订货的措施》总统令，同年还颁布了一系列的政府条例，使改革推进取得了一定的效果。1998年，俄罗斯发布《1998年至2000年重组国防工业法》，这一法律文件成为俄罗斯国防工业新一轮改革的标志，该法案规定，2000年以前，将1700家国防企业减至670家，以形成国防工业潜力的"核心"。在国防工业重组和军转民的联邦专项计划中还规定，在合适的地方把技术生产从连锁工厂转向大科研所和设计局主管下的试验性生产，把余出来的生产设备转产适销对路的民用产品，形成高科技含量、高技术工艺、多样化经营的工业基地。2012年9月，俄罗斯总统普京敦促政府起草新的国防工业现代化计划，重点强调包括鼓励私有军工企业投资和改善从业人员待遇等事项。

2001年7月，普京政府批准了《2001年至2006年俄罗斯国防工业改革和发展规划》，在经济转型过程中，确保高技术武器装备的研制生产能力。2017年拟制定了《2018年至2027年国家武器装备发展纲要》，2021年的《2024年至2033年国家武器装备发展纲要》（以下简称新版纲要）对接新版《国家安全战略》，明确了军工科研主要方向，即保障国家安全。新版纲要基本确定，使用人工智能、量子计算等先进技术改进信息安全保障方法，特别是在国防领域优先使用国产技术和设备。同时，俄罗斯也注重国防科技协同创新发展，自2010年以来已经建立了35个国家级科学技术创新平台，包括教学机构、大中型企业、社会联盟和其他各类实体；2016年，俄罗斯政府批准了第317号政府令《实施国家技术倡议》，明确规定技术公司、国家科学中心、顶尖大学和大型企业应组成联合研发团队，开展技术、产品及市场开发活动。

三、英国

为了在国防投入比例相对减少的情况下，仍然保持军事优势和国防工业的活力，英国积极推进军地协同创新发展，强调充分发挥科学技术对经济发展和国防建设的促进作用，统筹解决国家安全和经济竞争力这对孪生问题。英国于1993年发布的科技白皮书《运用我们的潜力：科学、工程和技术战略》、2001年颁布的《面向21世纪的国防科技和创新战略》都强调发展军民两用技术的研发及双向转化。1994年法国国防白皮书以及《2003—2008年军事计划法》也明确要求军用研究和民用研究要尽可能结合，以加强军事技术的研发相应速度。英国白皮书《国防工业政策》强调，维护国防工业的开放性和竞争性，倡导开展国内和国外两个军品市场的竞争，并对不正当竞争的行为进行了界定，防止垄断行为和不正当行为的发生。此外，为提高科研经费的投资效益和推动军民结合型尖端技术的发展，英政府在拨款中增加了对军民一体化科研生产技术的投资比例，在推广高技术和促进高技术发展方面效果显著。在装备采办中，在不影响军事需求的情况下，鼓励承包商优先使用民用标准。民用标准不能满足军事需求时，才可使用军用标准，且必须得到批准。2021年7月，英国公布《英国创新战略：创造未来以引领未来》，强调私营部门是新兴技术的重要载体，要从国家层面，利用现有研发和创新体系，支持私营部门创新，活跃英国新兴科技发展。2022年6月7日，英国国防部发布

《国防部国防科学与技术投资组合》政策文件，该组合是一系列计划和独立项目，旨在满足英国国防部的能力需求并确保英国武装部队始终处于技术前沿。

英国政府针对军民一体化进程，适时出台了相应的法规制度，以促进军民两用技术的开发和相互转化。英国国防部制定了《非国防部门科技研究支持计划》《民企科技研究资助计划》《探索军民两用技术计划》，鼓励资助民营企业发展军民两用技术。1998年颁布的《精明采办战略》，强调必须调整武器装备体制，对相关组织机构采办程序、审批决策、项目筹划经费管理等进行全面改革，建立民用技术转为军用的顺畅渠道。除此之外，还有一些针对军地协同创新的专门法规，如《武器装备生产开发基本方针》《武器装备研究开发振兴方针》。

四、法国

法国国防政策的特点就是在大企业发展的同时带动中小企业的发展，在发展国防工业的同时编织一个工业网，提供各种层次的产品与服务。法国国防部武器装备总署明确提出，鼓励中小企业参加武器装备采办的竞争，特别是在分系统和设备一级。为确保中小企业获得军品科研项目，武器装备总署专门留出采办计划的10%作为中小企业的竞争项目。法国国防部为保护中小企业的利益，建立了与中小企业的联系机制。法国武器装备总署组织了旨在将中小企业与用户联系起来的特别联合会，及时向它们通报法国军品发展计划，定期公布军品发展项目清单，提供参与机会。法国政府最近还推出对航空业中小企业的支持政策。法国政府于2007年制订一项支持航空业发展的计划，政府将在未来5年内动用15亿欧元以支持航空业的发展。政府的支持计划包括对航空业企业的融资、设立航空业中小企业投资基金、对航空业企业科研投资的支持以及税收方面的支持措施。

法国政府非常重视利用政策引领本国国防工业军民一体化建设的发展方向。如法国在1994年国防白皮书中明确指出，法国的部分国防工业要加强军用活动和民用活动的结合与合作，要考虑向军民两用的方向发展，并突出强调军用航空航天和防务电子这两个对民用领域最具影响的领域必须全力贯彻执行军民一体化建设的方针，同时指出民用领域的研究也要充分考虑军事需求。随后，法国在其制定的几部军事计划法里，进一步明确提出了要将军民两用技术作为国防高科技的研发重点。例如，在《2003年至2008年军事计划法（草案）》里，法国政府详细阐述了通过优先发展军民两用技术来加强研究和技术开发的方针。2018年9月1日，为实现组建军民两用关键技术攻关资助机构与联合资助体系的落实，法国国防部正式组建由军队参谋总长直接领导的国防创新署，提出12大优先资助领域，包括：全天候自动驾驶汽车，反无人战斗机和不借助卫星定位系统的地理定位技术，自动驾驶汽车集群管理系统与技术，多源、海量数据收集、分析与处理技术，传感器，战场能源供给，企业的社会责任与环境保护，人类心理健康与最大承受力，人体异常行为检测，人机交互，远程医疗，颠覆性创新医疗。2023年6月通过的《2024年至2030年军事规划法案》指出，法国将投入100亿欧元用于国防科技创新，重点发展军民两用技术，以及太空、深海和网络等新兴领域技术。

五、日本

日本在发展军事工业方面采取"寓军于民"的模式，主要依靠民间企业开展武器装备科研生产任务。日本认为，发展军民两用技术可以减少国家投资风险和降低武器装备成本，并有益于军工企业本身的稳定发展。1970年，日本发布《国防装备和生产的基本政策》，为军工生产确立了基本方针。其中主要的原则是以国家的工业能力、技术能力为基础，鼓励采购本国生产的武器装备，最大限度地利用民间企业的开发能力、技术能力，制定好远景规划为装备采办打下基础，积极引入竞争，以法律文件的形式将"以民代军"的战略思想固定下来。2017年，日本发布的《航天工业愿景2030》强调完善政府采购制度，扩大军民两用技术的应用。日本还在内阁设立宇宙开发战略本部，作为航天活动的最高权力机构，负责规划军用、民用、商用航天活动。2023年11月，日本防卫省拟定了新制度大致内容，用于支持将民间技术应用于安全领域的相关研究，通过拟在2024年度新设的研究机构，向基础研究提供资金。

日本采取政、军、企相结合的决策运行机制，政府、军队和企业界有机统一，相互结合，共同推进"寓军于民"的发展。日本建立了相对健全的军地协同创新法规体系，其中，军事色彩较为显著的有《日本自卫队法》《防卫省设置法》《安全保障会议设置法》《应对武力攻击事态法》《国防装备和生产的基本政策》《武器装备生产开发基本方针》《武器装备研究开发振兴方针》《装备维修规则》，以及一系列的《防卫计划大纲》及其配套的《中期防卫力量发展计划》等，民事特征较为明显的有《国家公务员法》《灾害对策基本法》《中小企业基本法》《中小企业开拓新领域协调法》《产业竞争力强化法》《电子工业振兴临时措施法》《航空工业振兴法》《飞机制造事业法》《特定船舶制造业稳定经营临时措施法》《大学技术转移法》《事业革新法》等。这一系列法规的颁布施行，极大地促进了日本军地协同创新的发展和进步。日本为保证国防军工科研生产能力，还制订了许多行业性的扶持政策与法规，对涉及军事领域的行业从政策和资金上大力支持和援助，例如，针对航空、造船等行业的特点制定《航空工业振兴法》《特定船舶制造业稳定经营临时措施法》等相关法令，对科研和生产给予补助。2021年6月，日本内阁府通过《综合创新战略2021》。该战略是推动落实《第六期科学技术创新基本计划》科技创新政策的首年行动路线方针，提出官产学研协同推进重点技术领域创新战略等6大支柱方向。为充分利用数字技术的优势，2021年日本防卫装备厅加紧构建武器装备的全寿命周期成本数据库，实现对装备制造成本的一元化管理与对比分析，大幅提高成本估算精度与效率。

5.2.4 军地协同的辅助政策支撑体系

一、美国

美国通过制定专门的法律协调特殊领域民用部门与国防安全之间关系的立法，如《战略和重要物资储备法》《国防生产法》等。美国主要通过立法建立军用和民用工业运行的环境，如《反托拉斯法》《签订合同竞争法》《购买美国货法》《合作研究法》等，这些法规在一定程度上构成了对军事科技工业的宏观管理。为了加速军民一体化进程，冷战结束前后美国颁布了一系列法规、条例，规范企业的行为，营造出一个有利于军民一体化的法规政策环境。1993年美国颁布的《国防授权法》明确提出了要实行军事和民用工业基础一体化，1998年美国颁布的《国防授权法》对军民两用技术的研发规定作了进一步细化。

1996年，为改善国际合作效率和效果，美国国防部发布《国际武器装备合作手册》，概括了国防部合作中的当前政策、关键过程等。美国国防部已实施的合作计划涉及范围很广，如国防数据/信息交换、联合研究与试验发展（R&D）国际协议、技术研究和发展计划项目协议、防务发展共享计划、技术合作计划、工程师和科学家交换计划、国外比较测试计划以及合作生产和支持计划、合作后勤和服务计划等。其中，国防部5530.3指令《国际协议》明确了国际武器装备合作的协议过程，美国法律要求国防部执行部门在签署国防协议前向外交部咨询，并在国防协议签署后向其提交副本。国防部在开展国际合作时必须考虑美国工业基础的影响，就美国工业的国际竞争力等问题咨询商务部。

中小企业是国防生产科技创新的重要力量，需给予特殊关照和支持。美国《国防生产法》第2078条要求，总统应对小企业（包括承包商和供应商）给予优惠，需扩大劳动部部长确定的高失业率地区和经济持续下降地区小企业的利用率；第2151条要求，给予作为合同商或转包商的小企业，在所有项目各个层面上尽可能多地参与机会以便维护和加强国家工业基础和技术基础，在管理计划、实施条例、政策和程序中来自小企业的申请、申请书和请求都应尽最大努力地解决并且迅速处理。《合同竞争法》明确要求，为满足在社会和经济上处于不利地位的小企业的法定要求，执行机构可以采用竞争程序，但应当将招标范围限制在这类小企业内。

在后勤保障方面，美国紧盯重点领域和关键环节，极力推进后勤保障体系现代化建设。2022年，美国陆军发布一项工业基地现代化建设计划，宣称将在未来15年斥资160亿美元，升级老旧的弹药厂和武器库等基础设施；美国国防部国防创新小组、美国陆军设施管理司令部和美国陆军工程研发中心，计划在得克萨斯州布利斯堡陆军基地，采用三维（3D）打印方式建造3座营房。在推进后勤保障体系现代化的同时，美国也从提升补给效费比、缓解战场充电难等多方面推动后勤装备更新换代，提高后勤装备实战化保障能力。此外，无人系统已成为美军作战装备体系中的重要组成部分，无人化后勤建设也是当前世界军事强国后勤建设的一个新趋势。美国国防部于2013年发布了第7版无人系统路线图——《2013年至2038年无人系统综合路线图》，这表明无人化武器装备在现代战争中的地位和作用日益重要。

在人才培育方面，随着数字经济的快速发展，美国国防部正处于数字化转型的关键时期，数字化转型需要数字化人才。2021年发布了《美国国防部隐秘的AI队伍：利用国防部的AI人才》报告，2023年10月，美国安全与新兴技术中心（CEST）发布了《美国国防部的新兴数字人才：国防部隐秘的AI队伍后续报告》，该报告是对该中心2021年相关主题报告的更新，总结了美国国防部数字劳动力的最新趋势。同时，2023年8月，美国国防部首席信息官公布《2023年至2027年国防部网络人才战略实施计划》（以下简称《实施计划》），协助该部推进3月发布的《2023年至2027国防部网络人才战略》（以下简称《CWF战略》），以建设一支更加多样化和高效的网络队伍。该战略为推进和统一管理网络员工队伍提供了路线图。

二、英国

英国全面推行"单一过程协议"，在军地协同创新的企业中推行单一标准规范、质量体系，使军用民用产品的质量体系和工艺规程合二为一，降低研制和生产成本，消除科技军地协同创新的标准障碍。英国、法国、德国等欧洲国家注重消除科技军地协同创新的制度性壁垒，在国防采办中大力倡导军民通用标准和规范，鼓励承包商优先适用民用标准，提高相关民用标准与规范在国防标准中的引用比例。英国对过去所有军用标准和规范进行全面审查、清理，废止了大量军用标准，提高了民用标准和性能规范在国防部标准化文件中的比例。英国还建立了民用资源征用制度，根据历史上战争动员的经验，制定修订了《后备役动员法》《紧急状态权力法》《防务法》《民航法》《运输法》等一系列法规。通过立法来保证在必要时，政府和军队有权征用或租用民航飞机、民用商船和民用车辆，并有权制止企业向国外出售运输工具。

加强国际合作是英国政府降低投资风险、促进国防技术发展的重要手段。正如《国防工业战略》中所提出的国防部现阶段约有12%的研究计划，需要通过国际合作来共同完成，同时也透露合作研究能够创造出5倍于英国进行投资的回报，并把能为英国提供就业机会、技术和知识产权的国外公司作为国防工业能力的一部分，而且将采用新的竞争机制，进一步加强国防技术的国际合作。《国防技术战略》也明确了对于依靠本国力量无法实现的关键技术，则强调通过国际合作、建立战略伙伴关系等方式来获取，对于那些与作战能力密切相关的技术领域，国防部要与其他国家和地区（特别是美国和欧洲）建立和维护良好的合作关系，共同承担风险、共同分享技术成果、共同促进国防技术发展。

2021年5月27日，英国国防部发布《国防数据战略——构建数字主干，释放国防数据的力量》文件，制订后勤计划是数字主干的重要应用领域，在国防数字主干的帮助下，英军的供应链和后勤人员将得到英军的综合保障信息。通过对这些后勤数据的全面分析，英军后勤部门能够制订更为精确、高效的后勤计划，最大限度地提升英军的后勤保障能力。2023年9月12日，英国国防部发布《国防装备与保障战略》，该战略表示，英国必须紧急重新定位国防装备与保障，以便更有能力应对不断变化的威胁环境，让英国变得更加安全。

三、日本

在装备维修方面，日本要求自卫队与相关地方政府密切合作，为推动防卫设施的高效维护和整修，应实施旨在谋求与该设施周边地区更加协调的各种措施。日本《装备维修规则》对装备品在什么情况下需要由地方工厂实施维修有确切的规定，同时，为了科学地实施装备品的军外维修,还规定了装备品军外维修的分级,并具体规定了其维修范围。在涉及军事领域的行业政策以及后勤维修领域,也存在有关军地协同创新的政策内容,例如,为扶持航空电子工业发展,日本政府制定了《电子工业振兴临时措施法》《航空工业振兴法》《飞机制造事业法》等。如《日本自卫队法》《安全保障会议设置法》《应对武力攻击事态法》《关于武力攻击等事态下国民保护措施法》《海上保安厅法》《防卫计划大纲》等典型的国家安全法律规范中都对各自领域的军地协同创新做法提出了要求。2016年,日本防卫装备厅出台的《中长期技术规划》对未来20~30年武器装备与关键技术发展进行规划。为应对网络空间威胁的持续增长,日本政府先后推出《新信息安全人才培养计划》《网络安全人才培养计划》,计划在未来3年大力加强人才培养。2018年版《网络安全战略》明确揭出,将加强战略管理层、业务层和技术层的网络安全人才培训和学生信息安全基础教育。2021年4月,日本政府"综合创新战略推进会议"决定在2023年内创立调查和研究经济安保相关技术的智库,在推动军民两用先进技术开发的同时,防止日本先进技术情报外泄。在数字技术迅速发展的背景下,日本防卫省加快推进数字化手段在国防科技领域的应用,2021年6月,日本防卫省表明在研发下一代F-X战斗机时引入数字工程技术,将开放式体系架构应用于F-X战机上各任务系统,增强战斗机的可扩展性。

四、俄罗斯

从1998年开始,俄罗斯联邦政府连续发布了《1998年至2000年俄罗斯联邦创新政策纲要和实施计划》《国家创新活动和创新政策法》《联邦科学城地位法》《关于建立联邦科学技术中心条例》《2002年至2006年国家创新政策基本原则》等。

2002年3月,俄罗斯联邦安全理事会国家议会主席团、俄罗斯总统下属科学和高技术理事会联席会议审议并通过了有关科技发展的一系列文件,其中有著名的576号文件《俄罗斯联邦至2010年及未来科学技术发展的政策基础》。该文件第一次提出建构国家创新体系,提高使用科学研究成果效率。该文件认为，应该采取措施：优化科学组织，改造科学技术机构；建构国家对科学订购产品、建立预测科学发展的体系；完善科学技术法律。

2004年6月普京总统签署了名为《完善国家对科学技术及教育领域成就进行奖励的制度》，颁布了新的《俄罗斯联邦科学技术领域及文化艺术领域国家奖励条例》，联邦政府还在8月出台了《俄罗斯联邦政府科学技术奖励条例》。所有奖金及相关费用纳入俄罗斯联邦教育科学部联邦预算内。国家新的奖励政策提升了最高奖（国家奖）的威信和人们对该奖的认知度，确立了新的国家奖励体系和执行程序，进而激发了专家探索和研究的热情。

2004年10月12日，俄罗斯联邦推出《2002年至2006年科技优先发展方向研发活动》联邦计划。该计划指出实施科技优先发展方向和发展尖端技术的具体方法及以创新为前提获取新知识、新技术的探索和应用研究。

1992年，俄罗斯政府成立了联邦国有资产委员会，负责研究军工企业的私有化问题。同年，俄罗斯时任总统叶利钦签署了《关于国有企业及国有企业的自愿联合组织改变为股份公司的组织措施》《关于国有企业商业化并决定同时改变为开放型股份公司的条例》两项总统令，要求自总统令发布之日起，除不准实行私有化的企业外，俄罗斯的其余大中型企业一律私有化，限期改变为开放型股份公司；俄罗斯政府颁布的《实行俄罗斯联邦私有化证券制度》的第490号决议中，要求全面推动军工企业所有制改革。1994年，政府确定了军工企业私有化计划方案，在2000多家军工企业中，约800多家军工企业实行完全私有化，近600家军工企业实行部分私有化。

1997年末，俄罗斯经济部草拟了一份引人注目的国防工业改革方案，即《1998年至2000年重组国防工业法》。1998年3月20日杜马通过，4月13日俄罗斯联邦总统签署发布。这一文件成为俄罗斯国防工业新一轮改革的标志，同年2月为实施该方案，俄罗斯政府还成立了国防工业组织金融改革委员会。该法案规定，2000年以前，将1700家国防企业减至670家，以形成国防工业潜力的"核心"——有效益、有意志力与有稳固财力的核心。

数字经济的发展让俄罗斯围绕人工智能等新兴战略领域密集出台中长期战略规划，2020年则重点突出北极相关基础和应用研究领域，以及电子、航天等传统战略领域长线布局。同年1月，出台《2030年前国家电子工业发展战略》，强调军事电子工业首要任务是确保国防订货武器装备达到所需质量，要求在关乎国家利益和国家领先地位的电子工业技术领域确保独立自主；3月，出台《2035年前国家北极基本政策》；7月，《2030年前国家航天发展规划》和《"未来航天系统"高科技领域发展路线图》草案编制完成，前者将俄罗斯航天领域现有若干专项计划整合形成一部统一规划，后者围绕系列前景项目如超重型火箭、"球体"大规模星座等，确定相关重点技术任务和实施路径；10月，《2035年前北极地区发展和国家安全保障战略》，强调扩大北极相关基础和应用研究，加强研发和应用对北极发展至关重要的、关乎国防与国家安全的关键技术、材料和设备。

5.3 世界典型国家军地协同创新发展政策实施效果

一、美国"军民一体化"的政策成效

美国政策目标的变迁：第二次世界大战后到20世纪90年代之前，政策目标为"军民一体化"，即通过军方、军工部门和军工企业的调整改革，以及军政部门间和企业间的合作，开启军、民技术和资源双向转移之门，促进国防建设与经济发展的良性互动；20世纪90年代至21世纪初期，政策目标为，将军工需求与民用技术相结合，推动经济发展；21世纪至今，随着新技术的迅猛发展，美国的政策目标为"利用民用经济中发生的高新技术爆炸来实现国防科技的跨越式发展"。

二、日本"以民掩军"的政策成效

日本作为第二次世界大战的战败国，日本宪法明确限制日本发展

军事力量。因而日本实现其军事野心的唯一途径便是将国防和军队建设融入国民经济的发展中，即日本的"以民掩军"政策。在这一目标下，日本军地协同创新法律法规的设计均是为了激励和保障民间企业建设国防武器和装备，发展军事力量，甚至许多行业法规均含有军地协同创新的内容。

三、俄罗斯、以色列"以军带民"的政策成效

如果将日本的"以民掩军"模式视为"民进军"的典型，那么俄罗斯和以色列可以视为"军转民"模式的典型国家。俄罗斯和以色列的不同之处在于：俄罗斯是政府强力推动的军转民，而以色列在军转民过程中，民间的风险投资基金起了十分重要的作用。

俄罗斯制定了"军转民法"等若干法律、法规和法令，确定了军转民原则、方向、重点及相关法规。自1990年起俄罗斯政府多次出台专项国防工业军转民纲要的计划，提出在民航、动力、原子能等8个部门内增加民品的比重。同时，制定国家指导计划，对有战略意义的技术进行直接的国家干预。1993年俄罗斯制定了在军工企业中推行军转民的政策，希望在相对稳定的和平时期利用军事工业科研机构、生产企业和实验基地等优势开发和研制高科技民品。为进一步推动军转民工作，1994年7月8日，俄罗斯政府下达了"关于再压缩动员能力和动员储备"的总统令，把军工动员准备限制在一个更小的核心军工企业范围之内，许多军工企业都可以随意利用原动员储备的军工设施生产民品。俄罗斯政府通过《俄罗斯联邦国防工业转产专项计划》进一步确立了军转民工作的目标、任务和组织实施一系列重大两用技术计划。其中包括技术再投资计划、两用技术应用计划、高科技计划，涉及民航、动力、医疗、电子、通信和信息、原子能、建筑、化工与轻工等领域的民品发展。1997年，国防工业的民品比重由1994年的78.3%提高到87.0%。

普京继任总统后，实施"先军后民，军民结合"政策。2008年后又推行"新面貌"强军改革，取得了重大成效。一方面，提升高新武器装备研发与生产能力，力求武器装备在全球范围内领先。俄罗斯政

府确定大力发展军民两用高新技术,包括微电子技术、光电器件、人工智能系统、导航系统、空气动力系统、计算机和雷达、核技术、新型火(炸)药和燃料等。另一方面,通过先进武器装备和军民两用技术的大量出口,拉动俄罗斯国民经济增长。俄罗斯武器装备和军民两用技术出口一直处于世界前列。

而以色列"以军带民"的政策让军工企业岗位退下来的员工在军事工业中的熟练技能得到充分利用,军工企业也大量收购具有一定高新技术的民用企业,以有效降低企业风险,并通过利用民间资金推进高新技术成果转化工作。同时,政府指导下的军事高新技术产业,带动形成了一大批民用科技产业。特别是航空工业、电子工业、制造工业等,推动着整个国民经济的发展。此外,以色列国防部军事科研系统进行市场化运作,以色列政府将多家军工性质的公司(包括拉法尔武器发展局)等转化为具有市场竞争力的公司,有效地提升了以色列在国际上的竞争力。

四、英国、法国等国的军地协同创新发展政策成效

英国、法国等欧洲国家在军地协同创新的发展过程中,积累了很多成熟的经验和做法,也颁布和构建了一系列法律法规和政策,军地协同创新取得较好的效果。对关键的军工公司持股或控股,是政府控制和管理国防工业的有效途径,同时也是国防工业为满足国家安全需求而进行能力建设的有效保障。英国政府对关键国防企业拥有"黄金股"也是一种有效的控制途径。同时,英国国防工业企业在立足欧洲本土市场的同时,积极进行对外扩张,主要国防公司通过购买当地公司,开拓新的武器出口市场,以达到对国外市场渗透的目的,并积极在国际竞争中占据优势地位。

法国以军民兼容发展与军转民战略为目标。一是制定有关政策,指导军民一体化建设、寓军于民的发展。二是借助国家大型计划的实施,推动军民两用国防高技术不断发展。这些大型技术计划有力地推动了军民两用技术的发展,高效地发挥了军地资源的配置作用,而依靠民用基础降低了国防成本,缩短了武器装备采办周期,提高了法国

的国防动员能力。三是建立协调和沟通机制，鼓励国防科研机构与工业界进行合作。随着国防工业发展战略的调整，法国开始走上独立研制、合作生产和直接引进三结合的军工发展道路，从而重新确定了国家同工业界的关系，将推动国防科研机构与工业界进行深入合作确立为本国国防工业发展的重要方向。法国通过推行军民一体化建设、寓军于民的战略，使其军民两用技术有了很大的发展，取得了较为明显的成效：一是提高了综合国力，促进了国民经济的发展；二是利用民用技术，缩短了武器装备的研制周期，提高了军事经济效益；三是使其民间企业不仅具有很强的经济竞争力，同时具有很大的军事潜力。

但英国、法国等国家特征与中国的巨大差异决定了两者在军地协同创新政策构建上并不具有特别大的借鉴意义。首先，英国、法国在经济上属于欧盟成员国（2018年，英国脱欧公投成功改变了这一现状，但在经济层面引起的变化还有待进一步研究），欧盟的"经济一体化"战略使任何单一欧洲国家在经济、财政上的政策措施都难受到其他国家较大的掣肘，因而在国民经济建设方面的独立性相对较弱；其次，英国、法国等欧洲国家在军队和国防上隶属北约组织，其军事政策和军地协同创新政策也不具有完全的独立性。基于上述原因，尽管英国、法国等欧洲国家在军地协同创新领域同样面临着"军转民"和"民进军"的双重政策目标，但就军地协同创新面临的障碍和现实约束方面，其复杂性远远低于中国。

第6章 世界典型国家军地协同创新发展实践的政策启示

6.1 军地协同创新发展历程、模式及趋势层面

通过对美国、俄国、英国、法国、日本、以色列等国军地协同创新发展历程和模式成功经验的梳理可知，世界典型国家军民发展模式虽关注点各不相同，但最终目的一致，都是打通军民间壁垒，促进全社会资源要素在军事和民用两大领域之间进行合理分配和科学运用，提高国家整体资源的配置效率，进而最大限度实现经济建设与国防建设协调发展。因而世界典型国家所坚持的发展思想和实际举措，对实现我国军地协同创新发展有着很好的启示和借鉴作用。

一、优化顶层制度设计，完善相关法律法规

军地协同创新发展是一项涉及政治、经济、社会、军事、科技、教育等诸多领域的系统性工程。首先，立足我国当前军地协同发展现状，坚持总体国家安全观，统筹规划、周密制定我国军地协同深度发展的阶段性发展规划与长期远景战略，同时根据军地协同发展动态，适时更新优化，以形成上下衔接、运行高效、横向协调的军地协同创新规划体系。其次，综观世界典型国家的军地协同发展道路，虽然其发展环境以及国防建设现实需求皆不相同，但在推进军民一体化发展中都无一例外地突出重视军地协同发展的制度建设，相继制定出台了一系列法律法规和相关政策。因此我们必须先厘清各发展主体的权力、义务以及责任，积极制定出台我国的军地协同发展法，同时面向重点

领域、突出问题以及未来信息化战争的实际需求,制定相关单项法律法规,用法律手段进行维护。

二、立足我国国情军情实际,构建中国特色军地协同创新发展模式

美国、俄国、日本、以色列等国各具特色的军地协同发展之路,都是在推动本国军地协同发展的长期实践中,选择形成的最符合本国国情的道路。首先,坚持党的集中统一领导,发挥好党在军地协同发展事业中总揽全局、协调各方的领导作用,统筹军地协同创新发展中的各种难题。立足我国正处于社会主义初级阶段这一基本国情,发挥集中力量办大事的制度优势,统筹规划符合我国国防建设需求和国家利益安全的军地协同发展方向。其次,充分认识"我们的军队是人民军队,我们的国防是全民国防"这一特征,牢固树立"全国一盘棋"的大局意识,加强军地协调、需求对接,在经济建设中贯彻国防需求,在国防建设中合理兼顾民用需要,促进双方要素交流融合,提高军民资源共享程度,推动军地协同更深、更广、更高效地发展。总之,积极变动以求新,科学变革促发展,走出一条立足国情、行之有效、不断革新的中国特色军地协同创新发展道路,形成推进军地协同发展的中国特色模式。

三、聚焦国防建设重点领域,推进基础性技术研究工作

首先,我们要"拓宽战略视野,增强大局观念",向基础设施建设、武器装备采购、国防科技工业以及军队保障社会化等军地协同潜力巨大的重点领域聚焦用力,盘活用好存量资源,优化配置增量资源,打造军地协同发展的龙头工程、精品工程。高度重视海洋开发、太空探索、量子通信、生物技术、新能源等军民共用性强领域的融合发展战略竞争新优势,积极推动我国军地协同发展领域向新兴领域拓展。其次,借助"新基建"建设之机,提前布局战略性、基础性的技术研究,针对一些基础性核心技术,通过跨学科联合应用,逐渐形成围绕该技术的产业链生态大体系,推动技术创新的研发、扩散和应用。加快整合高校、科研院所及高科技企业等各方力量协同攻关,引导和鼓

励更多社会资本参与重大技术攻关,重点围绕6G前沿技术研究、5G关键技术、5G垂直行业示范应用三大方向,打破制约产业创新发展和行业应用的重大技术瓶颈,为我国军地协同创新发展的建设提供技术支撑。

6.2 军地协同创新发展体制层面

随着军地协同创新发展的不断深入,军地协同创新已经上升为国家战略,国外典型国家军地协同创新发展实践告诉我们,从宏观国家层面到中观行业层面再到微观企业层面,各个主体都应该进一步提升发展意识,把握发展重点,紧跟国家现实状况和长远发展目标,时刻积极响应政府号召,贯彻落实改革创新政策,发挥各自独特优势,全身心致力于军地协同创新深度发展的工作任务中,并不断探索具有本国发展特色的军地协同创新发展路径,使我国军地协同创新发展体制朝着更加健康、更加完善、更高质量、更高水平的方向发展。

一、探索"统筹决策层+执行主体层+咨询服务层"一体化的组织管理体系建设

典型国家军地协同创新发展体制发展实践给我国的一个重要启示:一体化的军地协同组织管理体系是有效推动国防建设和经济建设融合发展的制度保障。

(1)统筹决策层面。首先在总体层面,要强化军地协同顶层机构的统筹决策功能,着眼全局,建立全国性的统一管理机构,出台相关制度,用于指导和监督军企和民企之间的合作。当前,我国顶层中央军地协同发展委员会是军地协同发展重大问题的决策和议事协调机构。要推动国防建设和经济建设的融合发展,需强化其统筹决策功能。统筹决策层的人员构成应囊括国防部、总参谋部和各军种总部、国务院、军地协同基金委(会)等政府职能管理部门及下属职能机构。统筹决策层各部门的主要作用是通过采取政策、法令、投资导向和合同等手段,在激励军地协同型企业创新发展方面扮演不同的角色,包括指导和监督、需求方、提供服务、共同投资、产品合作开发和生产、产品的最终使用等。其次在区域层面，要统筹谋划部署，分类建立健全融合式区域组织管理体系。自军地协同上升为国家战略后，各省、自治区、直辖市相继建立军地协同发展委员会（办公室），依据各自的资源禀赋和比较优势开展军地协同工作，省域间沟通交流较少，甚至出现恶性竞争，致使军地协同度不深、资源有效利用率不高、工作交叉重叠等问题仍较突出。通过全国统筹部署，打破传统的地理区域划分标准，依据资源禀赋和比较优势，按军工资源富集区、科技资源富集区、金融资源富集区等进行分类划分，准确定位各区域军地协同发展重点，重点领域实现军工资源与民用资源的精准对接，有效盘活存量，避免军地协同的重复建设，提高融合效率，推进区域军地协同差异化、规模化发展。

（2）执行主体层面。明确军地协同主体的责任和权利。从结构上看，军地协同创新管理体系的人员构成主要包括以下三类：第一类是顶层统筹人员。建立中央的统筹协调机制，在总体上整合国家和军队现有的各级部门和相关机构，理顺现存的不同层级关系，始终坚持中央对军地协同创新发展的统一全面领导，进行短期任务的统筹推进和长期发展建设的精心谋划，确保军地协调、顺畅和高效发展，实现军方主体和民方主体之间信息、技术和产品等资源的流通和共享。第二类是中层管理人员。建立军地联动体制机制，冲破原有的军民之间壁垒和市场限制，畅通二者间的内外部融资渠道，以提供充足的资金支持。按照扁平化组织管理要求，纵向上精简管理层级，延伸起横向部门管理，建立起决策管理、政策执行、效果监督等不同层面相互制衡的组织体系。第三类是基层操作人员。基层操作人员作为军地协同创新发展的核心主力，担负着军民技术创新、设备研发和成果转化等重要任务，是军地协同创新发展体制的基础力量，为推进军地协同创新发展提供源源不断的后备人才。总之，政府、科研院所、军地协同型企业、大学、科研机构、金融机构等都是军地协同创新的主体，通过实践中的不断摸索和总结，明确划分政府、军地协同相关部门、军工企业、金融机构等融合主体的责任和权利，协调各方的利益诉求，并进行相应的目标调整，构建有统有分、重点突出、特色鲜明的军地协同组织管理体系，真正实现国防建设和经济建设的协调。

（3）咨询服务层面。构建连接政府与企业的官方和民间的军地协同咨询服务体系。建立全方位的沟通渠道，时刻保持沟通渠道的畅通，加强内外部各方协调沟通，保障各级政府和企业之间需求信息的实时反馈。建立统一的信息平台，借助全军武器装备采购信息网等平台，为军地协同创新发展信息服务提供有力保障，不断加大平台建设力度，实时更新相关政策，还要时刻关注信息的时效性问题，尽可能扩大平台信息数据的获取范围，动员更多主体加入信息共享圈，搭建起民企参与的特殊渠道，缓解信息不对称问题，助力军地协同创新建设。如设立军地协同长远规划研究机构、军地协同科技信息系统和情报机构、军地协同法律服务机构等。其主要作用是充当政府、军民企业沟通、合作的桥梁和纽带，推进军民深度融合。

二、处理好政府主导与发挥市场基础作用的关系

关于政府和市场在军地协同创新科研生产能力建设中的定位与关系，一直是世界各国政府着力解决的问题，且对相关问题的认识也随着环境和需求的变化而发生转变。如美国在2010年发布的《四年防务审查》报告中，就提出"要改正几十年来对美国国防工业基础的撒手不管的态度是不可能一蹴而就的，需要与工业界和国会长期合作才能改变现状。我们部队所依靠的各种产品和服务，需要国防部与工业基础建立一种完善的关系，既要考虑到促进民用技术的迅速发展，又要考虑国防部的独特需求。国防部要尽可能依靠市场力量来创造、塑造和维持工业与技术能力，但我们必须准备在绝对必要时进行干预，以维持竞争性、创新性和重要的工业能力"。

作为管理和服务主体，政府在军地协同创新科研生产建设中职能的发挥主要是通过政策和制度供给、资金投入、监督激励等手段引导科研生产能力建设方向，协调军队、市场、企业、社会等多方面关系。政府要在投资、规划、监管和服务等方面发挥引导和指导作用。英国政府就提出"政府将帮助维持一个有吸引力的整体环境，包括：通过

国防部有针对性的投资刺激，保持科技领先；大力支持工业的融资、业务服务、设计和市场营销；高度熟练和灵活的劳动力；对国防和安全公司提供专门的出口支持"。

因此，必须充分发挥政府在基础研究、技术转化和条件保障中的作用。一是政府掌控基础研究的主导权。重视国防领域和民用领域的基础科研，把控优势技术，促使军地协同能力迅速提升。基础性科技的发展，是保持军事优势及综合实力的技术源泉，政府应始终掌握基础性科研的核心力量的主导权，选择性地保留一批基础科研机构的公有制属性。二是在关键调整改革时期，在军地协同技术转化、条件保障等方面，政府发挥重要的促进和调控监管作用。运用法律、规章、战略规划、贸易、经济政策等方法手段，创造军地协同发展的良好外部环境，同时加强对军地协同能力的全面评估，协助军地协同向理想目标发展。

市场的基础作用对于军地协同创新科研生产能力建设来讲更多的是对于一些市场手段的运用，包括竞争、供需关系等，这些市场基础作用的发挥要在政府有效引导下进行，换句话说军地协同创新科研生产能力建设中的发挥市场基础作用，要在政府的强有力的干预下进行，是一种可控的市场行为。如在准入机制层面，强调分类管理，由于国家对不同武器装备管制的松紧程度不同，为构建高效合理的准入机制，可以通过设立不同的准入门槛，充分发挥市场活力和国家管控的双重作用。在产品层面，以综合保密级别和军民需求等因素进行准入条件的划分，对于保密级别高、主要用于军方的产品，应加大保密审核力度，严格控制；而对于军民两用产品可以充分开放市场，鼓励民企竞争。在企业层面，以企业类型进行划分，对于参与保密性高的研发性质企业应在保密、技术、质量等方面实施严格的监管措施，而对于参与一般活动的企业可以放松对其要求，充分调动民参军的活力和积极性。政府建设核心能力的目的是保持核心能力的底线，要保留最低限度，对于市场本身能形成的核心能力，要由市场来解决。政府管理的职责是不断发现和培育更多的核心能力，而不仅是对现有能力的维持和保护。

三、加强统一管理,建立有效的军地协同创新科研管理体系

首先,建立分类管理体系。在建设过程中充分运用国防科技工业主管部门管理的法律手段和行政手段,重点管理能力的完备性、能力的安全性、能力的水平以及建设全过程。转变政府管理职能,加强全要素能力的统一管理;注重从发掘、引导、支持、监管等多方位主动培育和保护核心能力;加强制度建设,为全面履行职能提供有力支撑和保障;加强政府管理方法梳理与手段整合,要针对不同性质的单位探索研究不同的监管方式。对国有独资、国有控股的企业,政府制定相关政策直接监管。对军工上市公司可以与证监会联合监管。对民营企业,可以通过信息反馈的方式,广泛利用社会渠道了解核心能力的变化情况并进行引导;对可能缺失或难以保障的核心能力,政府要采取有效措施及时补充。对科研院所进行分类管理,基础研究和公共服务能力政府重点掌握,设计单位和承担生产任务的院所可以纳入军工集团公司或由相关企业进行管理。

其次,建立军地协同创新科研生产能力建设与管理的有机协调机制,注重以管理促建设。要把军品科研生产能力建设与军地协同创新管理有机结合起来,将政府投入形成的军品科研生产能力,以及由其他社会投入形成的军品科研生产能力都纳入管理范围,重点对核心能力建设形成的重要设备设施和核心技术实施有效监管,并加强核心人才管理。充分发挥政府对军品科研生产能力管理的各类职能,包括目录管理、登记管理、定期报告、审批管理、组织检查等方式,构成闭环式的管理体系,以确保核心能力的安全、有效。同时对政府投入与社会投入形成的军品科研生产能力,采取不同方式,实行分类管理,通过监管来保证军品科研生产能力建设的合理性和有效性。

四、构建"总体设计 – 业务贯通 – 基础保障"的军地协同创新生产管理体系

(1)战略引领,协同设计。对于宏观层面的政策指导、谋划审批、协调各方等必要环节,应该由军地协同创新专项管理机构统筹管

理，军民双方作为军地协同创新发展项目的具体执行单位，应在军地协同创新专项管理机构的协调下，负责采办、研发、生产等具体项目。构建军地协同创新运行机制，包括民企准入机制、武器装备及后勤装备采购过程融合机制（装备采购供需对接机制、公平竞争机制及评估监督机制）、军民技术融合机制、军地协同创新保密机制、民参军激励机制、军工人才军地联络机制、国防动员快速响应机制，通过完善各项机制，实现中央层面的全面统一领导。

（2）业务贯通，要素互联。在军民深度融合的过程中，人员融合是体制融合中的重要内容，人才流通的同时也会带来信息、资源和技术等的流通，实现要素间的互联互享。具体可以从以下方面着手：①明确需求，保障人员供需平衡。对于军地协同创新发展的人才需求要明晰，不能按照传统的军队人才培养模式进行选择，必须针对军地协同创新发展的实际情况和具体工作任务，制定相应的人才需求标准，并实时更新和调整，形成一个完善的人才培养体系，为军地协同创新发展提供新时代高水平人才。②分类调整准入标准，随着军地协同创新发展的深度和广度不断增强，随之而来的问题是专业技术人才的巨大缺口，迫切需要面向军队、国防工业及市场招募更多的高质量人才。普通岗位应充分调整准入机制，按照岗位密级分类确定准入标准，在各地方各院校开展公开招聘活动，放宽民企进入军工行业的准入资质和准入门槛限制，贯彻"拆壁垒、破坚冰、去门槛"的发展理念，持续优化民参军准入机制，改善管制范围过宽、进入壁垒较高等问题。特殊岗位也应将其人才选择标准具体化、细节化，明确其对特殊人才的特殊需求，开展有针对性的人才引进工作，对于涉及产品保密级别高的岗位，应加大人才审核力度。同时加强文职人员队伍建设和文化层面建设，减轻军队人才输送压力、提高人力资源利用率，更加有效地进行军地协同创新式人员配置。以上措施的实施将会吸纳更多的优秀民企人才进入军工行业，带动军企活力、盘活军企资源，实现军民双方资源要素的互联互通，保障军地协同创新发展全过程的顺利运行。

（3）完善基础，多方保障。优化服务响应机制，确保在紧急情况下能快速调配资源和响应需求，这包括建立紧密的信息共享平台，使军方和民用企业能够实时交换市场需求信息、资源状态和生产能力。同时，通过制订完善的应急计划和进行多次模拟演练，提高在紧急状况下能迅速转换生产线的能力。在中央军事委员会科学技术委员会的支持下设立的国防科技创新快速响应小组，是利用先进技术为军队服务的一种机制创新，作为第三方平台及时地将政府、军队、企业、高等院校、科研院所等主体连接起来，最大限度发挥各自优势，形成合力来保障军地协同创新发展。由于该组织所提交的重大需求报告和项目终稿可以直达高层，因此就避免了中间层层递交的低效率，可以时刻以项目需求为载体为军方生产更高质量的武器装备及产品，推动省市、央地、军民等多方位精准对接，整合基础资源，完善各地方基础设施建设，巩固军地协同思想、物质基础。建立军民立法协调机制，组建专门的军民协调组织机构，主要负责解决军地协同过程中的矛盾、冲突问题，有效缩减不必要的重复流程，提升军地协同的协调性，为军地协同提供法律支持，最大限度地确保军民双方的合法权益。

6.3 军地协同创新发展工作运行机制层面

结合我国发展阶段和现实条件，通过典型国家军地协同创新运行机制的国际比较，不难发现，我国在军地协同创新发展中应正确处理政府和市场的关系，注重军地协同创新开放度，充分发挥市场在军地协同创新领域的决定性作用。

在协调机制方面，我国已建立较完整的军民融合发展委员会办公室作为军地协同创新协调机构，负责军地协同创新统筹协调工作，各级军地协同创新部门的主要职责仍需进一步明确，跨部门协调及决策功能仍需加强，可以建立一个常态化的跨部门协调机制，引导国务院相关部委和中央军委相关部门协调沟通，同时考虑引入地方军政代表参与。另外，为了协调多方利益，可以建立军地协同创新项目制度和临时跨部门工作小组制度，由政府部门、军方、军工企业、民营企业以及科研院所等利益主体派出代表，省级军民融合发展委员会负责协调和召集人员，领导和监督项目实施；强化行业协会在政府、军工科研院所、军地协同创新型企业、高校、金融机构等融合主体间的信息交流、咨询服务等协调沟通作用，采取定期会商、建议书、联谊会等多种形式加强联系，动态跟踪军地协同创新发展态势，及时调整，确保协调沟通的有效性；设立专门机构进行技术指导、成果双向转化等，准确掌握军地协同创新型企业、科研院所的发展动态，及时提供支持，对优质项目给予预先研究基金支持。

在需求对接机制方面，充分发挥市场的调节作用，军民通用标准化工作，弱化了军事标准，降低企业准入门槛；军地协同创新管理机构、各军兵种专门机构定期发布需求，逐步公布信息源，采用新媒体方式、会议交流、刊物发布等形式，实现军民技术、资源、数据、需求的精准对接。此外，在需求精准对接过程中，一方面，可以参考国外"多层次、多类别、多渠道"的平台模式，既要注重军品需求的"去背景化"处理，也要主动寻找市场机会；另一方面，可以借鉴美国构建若干创新枢纽机构的做法，按照"军种组建"原则聚焦特定领域实现与高新技术的精准对接[60]。供需对接是一项长期性常态化任务，特别是在海洋、空天、网络空间、生物、新能源、人工智能、量子科技等新兴领域，具体措施包括以下几个方面：第一，供需对接的效果主要取决于供与需的精准匹配程度；第二，需求牵引和技术推动两种供需对接模式可探索建立相互衔接机制；第三，制定统一规范的供需对接评价标准体系[61]。

在资源共享机制方面，重视消除军民领域技术标准壁垒，开展军用标准改革，促进军民通用标准化工作，加紧制定出台军民标准统一化建设规范意见，保留有利于军地协同创新发展的技术标准和行业规范，优化改善阻碍军地协同创新深度发展的技术标准和行业规范。在技术研究方面加强军民合理分工，重视基础研究，从源头上加强技术的军民两用性，建立以高技术为先导的军民一体的科研生产体系；统筹各融合主体的资源优势，研究机构和工业部门分类承担能够发挥各自优势的任务，以提高效率。在人才共享方面注重教育系统培养国防科研人才，通过直接招募、委托培养等形式促进军民双方的人才流动；鼓励退伍官兵创业，采取多种措施打通军方人才向民用企业流动的渠道；以财政补贴等形式支持军地协同创新科研生产活动，发挥市场的作用，建立风险投资基金。

6.4 军地协同创新发展政策体系层面

相比其他国家特别是美国、日本、以色列等的军地协同创新政策构建，我国推动军地协同创新政策体系的设计更加复杂，具体体现在：一是政策目标多元。从政策目标来看，我国当前的军地协同创新发展政策目标既强调国防建设，又注重国民经济发展。二是行政层级复杂。军地协同涉及中央及地方政府、军队、军工院校、军工企业、地方院校、民营企业等不同的参与主体，在军地协同创新发展的过程中，既有中央与地方的关系、军队与地方的关系，又包含了政府与企业、国防建设与国民经济建设以及长远目标与短期目标的关系。

（1）坚持军地协同创新发展顶层设计与阶段性任务相结合的政策目标体系。在顶层设计上，以军地协同创新深度发展国家战略统筹考虑，致力于形成全要素、多领域、高效益的良好发展格局。从法律、法规等制度建设上构筑保障军地协同创新深度发展的制度体系。在阶段性任务上，应根据军地协同创新发展的不同阶段制定不同的重点任务，比如，现阶段，军地协同产品标准体系和产能对接机制则尤为重要。

（2）我国军地协同创新发展的政策设计应基于社会主义初级阶段的国情和社会主义公有制经济制度的性质，以国防建设为首要目标，以军工企业为军地协同创新政策的主要推动力量，以民营企业作为军地协同创新发展的重要力量，发挥政府的主导作用。军地协同创新"政策体系"是基于不同国家的历史、制度和现实条件构建的，如日本的现实约束是不能公开发展国防和军事力量，催生了"以民掩军"的政策体系，"政策体系"重点在于引导和规范"民参军"，以及美国制度的私有产权和自由市场，因而政策重点是激励私有企业投身于国防建设。

（3）在顶层设计的基础上，应加强推动军地协同创新深度发展的政策实施，以解决制约军地协同创新的现实问题。在促进"军转民"方面，政策体系的核心是激发国有军工企业的"军转民"动力，包括收益分配和风险补偿、军民两用技术的标准体系建设、军民资源共享体系等；在推动"民参军"方面，政策体系的核心是破除民营企业"民参军"的各种障碍，包括民营企业的融资约束、军民两用资产的产权归属以及与保密相关的资格审查和市场准入等。

参考文献

[1] 乔玉婷，鲍庆龙，曾立. 军民融合协同创新绩效评估及影响因子研究——以长株潭地区为例 [J]. 科技进步与对策，2015，32（15）：120-124.

[2] 张丽岩，杨欣月，马健. 军民科技协同创新体系构建策略研究 [J]. 中国军转民，2023（20）：74-75.

[3] 杜人淮. 军民科技协同创新的体系结构、机理和模式 [J]. 山东科技大学学报（社会科学版），2022，24（3）：1-12.

[4] 王强，王庆金. 军民融合创新生态系统：内涵、演化与构建策略 [J]. 科学管理研究，2022，40（1）：18-23.

[5] 高杰，丁云龙. 军民融合产业联盟的新生境构成、组织形态与治理结构走向研究 [J]. 公共管理学报，2019，16（4）：119-131，174.

[6] 李娜，陈波. 财税政策对军民协同创新的影响——基于 DEA-Tobit 模型 [J]. 科技进步与对策，2021，38（11）：97-105.

[7] 白礼彪，白思俊，杜强，等. 基于"五主体动态模型"的军民融合协同创新体系研究 [J]. 管理现代化，2019，39（1）：45-50.

[8] 尹西明，陈泰伦，陈劲. 军民融合创新联合体：内涵、逻辑与进路 [J/OL]. （2024-01-10）[2024-01-17]. http://kns.cnki.net/kcms/detail/42.1224.G3.20230625.1713.015.html.

[9] 陈华雄，黄灿宏，王健，等. 军民科技协同创新体系构建研究 [J]. 军事运筹与系统工程，2019，33（3）：65-69.

[10] 曹路苹，李峰，滕响林，等. 区域军民科技协同创新生态系统的构成及优化对策研究 [J]. 军民两用技术与产品，2020（8）：9-15.

[11] 王一伊，曾立，刘庆龄. 区域军民科技协同创新生态系统研究——以湖南省为例 [J]. 科技进步与对策，2023，40（21）：34-44.

[12] 田菁. 军民科技协同创新体系的构建 [J]. 中共山西省委党校学报，2021，44（2）：54-58.

[13] 杜人淮，马会君. 军民科技协同创新质量水平测度研究 [J]. 贵州大学学报（自然科学版），2022，39（3）：1-9.

[14] 田庆锋，张添，张硕，等. 军民科技协同创新要素融合机制研究 [J]. 科技进步与对策，2020，37（10）：136-145.

[15] 孙磊华,何海燕,常晓涵,等.军民深度协同对企业关键核心技术突破的影响[J].科技进步与对策,2022,39(23):128-139.

[16] 杜人淮,冯浩.国防工业军民融合高质量发展的内在机理和实现路径[J].贵州省党校学报,2021(3):86-97.

[17] 何乘,张京辉,吴兰芳,等.基于产业聚集的军民协同创新研究[J].军民两用技术与产品,2023(3):14-17.

[18] 李翔龙,王庆金,黄帅.军民融合企业技术创新生态系统协同机制研究[J].财经问题研究,2021(12):133-143.

[19] 李文辉,冼楚盈,林卓玲.军民融合技术创新现状探析[J].广东水利电力职业技术学院学报,2022,20(1):37-43.

[20] 张远军.利益相容理论下国防科技军民协同创新的主要问题及对策[J].国防科技,2018,39(2):19-25,46.

[21] 谢玉科,刘珺.军民协同创新示范区运行机制的理论分析及现实构建[J].中国军转民,2021(11):52-58.

[22] 唐小龙,姜文超,邵笑冰,等.苏南自创区科技资源军民融合共享现状及潜力分析[J].江苏科技信息,2019,36(8):1-4,11.

[23] 尤琳.中国特色跨层级军民融合治理架构及激励机制研究[J].当代经济,2021(11):37-42.

[24] 王庆金,杜甜甜,高扬,等."民参军"创新活动对民营企业绩效的影响[J].科技进步与对策,2023,40(12):129-139.

[25] 谢言,段君,韩晨,等.军转民活动与军工企业成长:来自十大军工集团A股上市公司的证据[J].科技进步与对策,2020,37(23):134-143.

[26] 张纪海,樊伟,师仪.军民融合发展战略下的敏捷动员理论体系[J].北京理工大学学报(社会科学版),2019,21(1):121-127.

[27] 张纪海,周雪亮,樊伟.集成动员理论下军民科技协同创新机制设计研究[J].科技进步与对策,2020,37(13):120-126.

[28] 金壮龙.开创新时代军民融合深度发展新局面[J].网信军民融合,2018(7):5-7.

[29] 王振,李斌,薛柏琼,等.国外国防科技协同创新主要做法及经验研究[J].全球科技经济瞭望,2021,36(6):73-76.

[30] 齐瑞福,陈春花.美国科技创新政策新动向与我国科技发展战略新机遇[J].科技管理研究,2021,41(3):16-25.

[31] 王未,赵谦,周桐,等.国外军民协同创新模式对我国航天领域的启示与思考[J].军民两用技术与产品,2023(3):8-10.

[32] 杜人淮.国外国防工业军民融合发展国际化进程和举措(上)[J].中国军转民,2016(10):14-19.

[33] 赵诣,仲光友,邱琨.美国《国防授权法》及其对我国军民融合深度发展的启示[J].法制博览,2019(19):258.

[34] 李海海，孔莉霞. 国外军民科技协同创新的典型模式及借鉴 [J]. 经济纵横，2017（10）：122-128.

[35] 丁琪. 以色列军民融合创新：路径、特征、挑战及启示 [J]. 阅江学刊，2022，14（5）：139-151，175.

[36] 刘光旭. 世界典型"军民融合"发展模式探析及其对推动我国军民融合深度发展的启示 [J]. 世界科技研究与发展，2022，44（4）：482-491.

[37] 蔡闻一，杨雪娇，饶成龙，等. 美国 DIUx 运行模式分析及对我国国防科技协同创新的启示 [J]. 军民两用技术与产品，2018（13）：46-50.

[38] 贾平，李云，刘笛，等. 美国自由飞行太空机器人发展分析 [J]. 空间电子技术，2021，18（2）：79-84.

[39] 李锴，陈国玖，刘志强，等. 美国航天工业管理模式分析及启示 [J]. 航天工业管理，2021（11）：73-76.

[40] 宇岩，王春明，张丽佳，等. 以色列军民融合发展经验及其对我国的启示 [J]. 世界科技研究与发展，2020，42（6）：677-687.

[41] 王璟旻，肖远，赵琪. 从年度国防预算看美推进军民协同创新的典型做法 [J]. 网信军地协同，2019（8）：43-44.

[42] 郑雪平，雷磊，鲁炜中. 俄罗斯军民融合的发展历程、主要经验与启示 [J]. 俄罗斯东欧中亚研究，2020，（2）：71-82，156.

[43] 田正，刘飞云. 日本国防科技工业发展态势分析 [J]. 经济研究导刊，2022，（16）：76-78.

[44] 杨佳. 美国国防部制造创新所的治理与发展模式研究 [J]. 全球科技经济瞭望，2023，38（9）：19-26，37.

[45] Defense Innovation Board. The 5G Ecosystem: Risks & Opportunities for DoD[EB/OL].（2019-04-03）[2024-05-04]. https://media.defense.gov/2019/Apr/03/2002109302/-1/-1/0/DIB_5G_STUDY_04.03.19.PDF.

[46] 吕彬，李晓松，李洁. 美国国防科技与武器装备军民一体化发展新动向 [J]. 西北工业大学学报（社会科学版），2020（2）：99-107.

[47] 马琳，武杰. 中外军民融合发展模式比较研究 [J]. 北极光，2019（10）：80-81.

[48] 张兵，董樊丽. 国际军民融合发展模式研究及对中国的启示 [J]. 经济研究导刊，2020（13）：180-183.

[49] 朱虹，咸奎桐，杨天，等. 先进国家标准化军民融合发展启示 [J]. 标准科学，2019（3）：75-80.

[50] 路文杰，刘鑫，刘鹏威，等. 国外军民融合发展模式及对河北省的启示 [J]. 河北企业，2021（6）：55-57.

[51] 李效峥. 国际化视角下的军民融合战略 [J]. 中国市场，2019（9）：20-21.

[52] 张凯. 国外军民融合产业创新发展模式研究 [J]. 农村经济与科技，2020，31（9）：197-198.

[53] 马天. 俄罗斯军民融合中的军事技术情报法律规制研究 [J]. 情报杂志，2020，39（6）：33-37.

[54] 姚世锋，俞文文，柏彦奇，等. 美国军民融合装备保障法规建设探析 [J]. 军事交通学院学报，2020，22（6）：44-48.

[55] 吕亚芳. 我国高校军民融合法规政策及域外考察启示 [J]. 法制与社会，2021（3）：153-155.

[56] 周倩，章志萍，罗沉雷，等. 韩国公共卫生危机应对中的军民融合模式及对我国的启示 [J]. 中国急救复苏与灾害医学杂志，2023，18（8）：993-997.

[57] 宋文文. 美国多措并举推动网络空间军民协同发展 [J]. 网信军民融合，2021（8）：9-12.

[58] Department of Defense. 2018 Defense Industry Capability Assessment[EB/OL].（2019-05-01）[2024-05-04].https：//www.airforcemag.com/PDF/DocumentFile/Documents/2019/DOD-Annual-Industrial-Capabilities-Report-to-Congress-for-FY-2018.pdf.

[59] 李宇华，张代平. 美军中间层采办详解 [EB/OL].（2020-03-09）[2024-01-23].https：//mp.weixin.qq.com/s/nLy8lllBFboLcazV0LUsDQ.

[60] 国务院发展研究中心"军民融合产业发展政策研究"课题组，马名杰，龙海波. 美国推进国防科技工业军民融合发展的经验与启示 [J]. 发展研究，2019（2）：14-18.

[61] 孙小静，洪彬，崔晓莉. 民口先进技术军地供需对接评价指标研究 [J]. 国防科技工业，2021（6）：29-32.